KB200196

바이블 톡톡!

바이블 톡톡!

지은이 | 신성욱
초판 발행 | 2022. 4. 13.
등록번호 | 제1988-000080호
등록된 곳 | 서울특별시 용산구 서빙고로 65길 38
발행처 | 사단법인 두란노서원
영업부 | 2078-3352 FAX | 080-749-3705
출판부 | 2078-3331

책값은 뒤표지에 있습니다.
ISBN 978-89-531-4182-7 03230

독자의 의견을 기다립니다.
tpress@duranno.com www.duranno.com

두란노서원은 바울 사도가 3차 전도여행 때 에베소에서 성령 받은 제자들을 따로 세워 하나님의 말씀으로 양육하던 장소입니다. 사도행전 19장 8-20절의 정신에 따라 첫째 목회자를 돕는 사역과 평신도를 훈련시키는 사역, 둘째 세계선교(TIM)와 문서선교(단행본·잡지) 사역, 셋째 예수문화 및 경배와 찬양 사역, 그리고 가정·상담 사역 등을 감당하고 있습니다. 1980년 12월 22일에 창립된 두란노서원은 주님 오실 때까지 이 사역들을 계속할 것입니다.

바이블 톡톡!

성경 해석의
힘을 길러 주는
8가지 팁

신성욱
지음

두란노

목차

STEP 2 상식을 깨라

STEP 3 관찰력을 가지라

STEP 4

원어 성경을 활용하라

STEP 5

문맥을 활용하라

STEP 6

당시의 법과 문화와 관습을 이해하라

STEP 7

과학은 성경 도우미다

STEP 8 고고학을 활용하라

추천사

사람은 누구나 다 육신의 양식을 먹어야 살 수 있다. 영적인 존재인 하나님의 백성도 생명의 양식인 성경을 먹어야 온전한 삶을 살 수 있다. 일반 성도건 목회자건 가릴 것 없이 하나님의 말씀을 영양 만점 그대로 맛보기를 원치 않는 이는 없을 것이다. 하지만 그간 '성경 번역의 문제성'이나 '왜곡된 해석'이나 '풀리지 않는 난제들'로 인해 성경의 진미를 제대로 음미하는 데 지장이 많았다.

이런 문제들을 해소하기 위해 성경 해석과 관련한 수많은 책들이 출간됐다. 그러나 만족할 만큼 풍부하고 구체적인 내용의 작품이 보이질 않아 늘 아쉬운 마음이었다. 이런 상황에서 신성욱 교수가 또 소중한 책을 한 권 집필했다. 성경을 정확하게 해석하는 방법이 무엇인지에 관해 구약과 신약의 여러 본문들을 실례로 들어 잘 설명하고 있다. 본서를 통해 맛있고 영양가 높은 물고기(what)를 얻어먹는 재미도 있겠지만, 무엇보다 그런 물고기를 잡는 방법(how)까지 터득할 수 있는 장점도 있다.

신 교수는 신학교에서 설교학을 가르치는 전문가이기도 하지만, 구약과 신약을 전공한 전문가이기도 해서 성경 속에서 양질의 콘텐츠를 끄집어내는 데 있어 탁월한 학자로도 평가된다. 무엇보다 그의 맛깔스럽고 술술 읽히는 글 솜씨는 타의 추종을 불허한다.

본서는 말씀을 정확하게 이해하기 원하는 성도들이나 신학생은 물론, 설교를 준비하는 목회자들에게 소중하고 유익한 지식과 정보를 제공한다. 하나님의 말씀을 원액 그대로 맛보기를 원하는 모든 이들에게 강력하게 추천한다.

소강석 새에덴교회 담임목사

드디어 기다리던 신성욱 교수의 새로운 작품이 또 탄생했다. 기대를 갖고 읽어 보니 마치 무더기 보물을 발견한 기분이다.

본서를 읽으면서 발견한 몇 가지 특징이 있는데, 첫째는, 책 속에 넣은 주제마다 연령층을 폭넓게 고려했다는 점이다. 특히 청년 세대나 기존 성도들이 평소에 설교나 성경을 듣고 읽다가 갸우뚱했던 질문들에 대해 신 교수는 특유의 필체를 가지고 '쾌도난마'(快刀亂麻)식 접근 방법으로 명징한 설명을 잘 담아냈다. 독자를 이해시키려 하지 않고, 저자의 고민으로 시작해서 결국에는 독자들이 눈치채지 못하는 사이 그들을 책의 내용 한복판에 서 있게 만드는 기막힌 책이다.

둘째는, 지식과 이해를 넘어 '왜 삶인가?'라는 질문과 함께 변화를 가능케 한다는 점이다. 오늘날 수많은 교회와 성도들의 성경 읽기에서 빚어지는 문제는 읽기를 통해 축적된 성경의 지식들이 삶의 자리와 상당한 괴리가 있다는 것이다. 그러나 본서는 강렬한 동기부여를 넘어 '왜 그렇게 살지 않으면 안 되는지?'에 대한 고민과 더불어 변화의 열매를 맺게 한다.

셋째는, 설교자들에게 있어 척추와 같이 요긴한 책이라는 점이다. 신·구약을 넘나드는 성경의 해석과 탄탄한 원어적인 접근 및 그 시대의 문화와 문맥적인 고려 등은 오늘의 설교자들이 일독을 통해서 배워야 할 중요한 가치가 있다.

신 교수가 집필한 이 저서는 철저히 하나님의 주권 속에서 하나님께만 영광이 돌려져야 함을 배우게 하는 해석학의 정수와 같다. 이런 점에서 그리스도인이라면 누구나 다 《바이블 톡톡!》을 손에 넣어 맛보기를 강력 추천한다.

송태근 삼일교회 담임목사

새벽 2시고 3시고 매일 새벽 하나님이 깨우시면 어김없이 그 시간에 일어나 기도하고 말씀 읽는 것이 나의 하루의 시작이다. 아무의 방해도 받지 않고 조용히 성경을 읽는 시간은 정말 송이꿀보다 더 달고 은혜로운 시간이다. 번잡한 세상의 소리를 뒤로하고 오롯이 하나님의 말씀에만 귀 기울이는 그 시간을 통해 나는 하루를 살아갈 힘과 목회를 감당할 지혜와 능력을 얻는다.

한국 기독교의 역사를 보아도 한국 교회의 부흥과 성경은 떼려야 뗄 수 없는 관계임을 알 수 있다. 절망에 처한 한국 교회에 새 힘을 불어넣은 1907년 평양 대부흥 운동은 성경을 공부하는 사경회에서 시작되었으며, 평양 대부흥 운동에 큰 영향을 준 1903년 원산 대부흥 운동 역시 선교사들의 성경 공부 모임에서 비롯되었다.

이렇듯 성경은 개인과 공동체의 경건 생활과 불가분의 관계에 있다. 그런 의미에서 성경을 올바르고 쉽게 이해할 수 있는 방법을 잘 제시한 책이 출간된다는 소식에 반가움을 금할 길 없다. 내가 아는 저자 신성욱 교수는 성경신학을 전공한 실력 있는 학자요, 오랫동안 학교에서 설교와 성경을 가르친 목사이자 교수요, 귀한 책을 많이 집필한 저술가이다.

이러한 전문적 지식과 다년간의 경험을 토대로 금번에 목회자나 신학생들은 물론, 평신도나 불신자들까지도 이해하기 쉽고 재미있고 유익한 성경 안내서《바이블 톡톡!》을 출간했다. 깊이 있고 올바른 성경 해석에 흥미로운 인문학적 설명이 곁들여 있는 이 책을 통해 독자들은 한층 더 새롭고 깊은 성경의 진미를 경험하게 될 것이다. 이 책을 통해서 한국 교회에 다시 한 번 종교 개혁자들이 외친 "성경으로 돌아가자!"는 운동이 일어나길 소원하며, 기쁜 마음으로 일독을 강추한다.

이영훈 여의도순복음교회 담임목사

신성욱 교수의 신간《바이블 톡톡!》은 가짜 뉴스와 거짓 메시지가 난무하는 혼란의 시대에 성경을 사랑하는 독자들을 성경의 참된 의미와 올바른 적용으로 이끄는 보물 같은 책이다.

저자는 본서에서 독자들이 종종 간과할 수 있는 성경 해석의 오류들을 면밀하게 점검하며, 탄탄하고도 정확한 주석적 작업과 노련하고도 해박한 원문 해석에 기초해 본문이 원래 의도하는 바가 무엇인지를 정확히 이해하도록 이끌어 준다.

나아가 저자는 과거 이스라엘 백성에게 전달되었던 그 본문의 의미를 오늘의 상황 속에서 정확하게 이해할 수 있는 실천적 적용을 제공함으로써 성경의 과거 세계와 독자의 현재 세계를 완벽하게 잇는 해석학적 교량 역할을 충실히 수행한다.

이와 같은 저자의 해석학적 지평과 통찰력은 독자들로 하여금 어렵게만 느껴졌던 성경의 의미를 쉽게 깨달을 수 있도록 인도함으로써 성경 읽기 안내서로서의 그 가치를 유감없이 발휘하게 한다.

무엇보다도 구약과 신약 전체를 아우르는 저자의 풍부한 성경 지식과 아울러, 주옥같은 예화와 함께 전달되는 맛깔스럽고 깊이 있는 실천적 안목은 본 저서의 백미가 아닐 수 없다. 오직 성경의 참 의미를 바르게 깨닫고 그 의미를 올바로 적용하기를 원하는 독자들에게 본서의 일독을 강력히 추천하는 바이다.

장세훈 국제신학대학원대학교 구약학 교수

성경을 사랑하는 사람으로서 그리고 교회와 학교에서 성경을 가르치는 사람으로서, 누군가 성경을 제대로 읽는 방법에 관해서 이야기할 때면 귀담아듣게 된다. 성경의 방대한 숲과 나무를 조화롭게 보도록 인도하는지, 지나치게 단순화시키거나 혹은 반대로 어렵게 만들지는 않는지, 본문의 의미를 찾느라 본문이 지니는 힘을 놓치고 있지는 않은지 살피게 된다.

그런 점에서 신성욱 교수의 신간 《바이블 톡톡!》은 다음의 사람들이 읽으면 큰 유익을 얻게 될 것으로 생각한다. 첫째는, 단숨에 성경 해석의 중요한 원리들을 접하고 싶은 사람들이다. 이 책은 내가 본 성경 해석학 관련 서적 중 가장 쉽게 쓰였다. 대중의 눈높이에 맞추어 까다로운 내용들을 쉽게 풀어내느라 고쳐 쓴 흔적들이 역력하다.

둘째는, 성경을 새로운 눈으로 읽고 싶은 사람들이다. 저자는 성경을 읽는 큰 관점을 훈련하라는 메시지에서부터 시작해서 기존의 상식을 깨는 성경 읽기, 본문 관찰에서부터 출발하는 성경 읽기를 소개하면서 다른 자세로 성경에 접근하도록 독자들을 지도한다. 관점이 바뀌면 스스로 새로운 것을 보게 된다.

셋째는, 성경 공부의 다음 단계로 나아가기를 희망하는 사람들이다. 저자는 성경의 문맥과 역사적 배경을 고려하는 것이 얼마나 큰 차이를 만들어 내는지 실제의 예들을 들어 자세하고도 친절하게 설명해 준다.

저자는 이미 여러 권의 책을 출판한 작가답게, 어려운 이야기들을 소박한 언어와 재미있는 예화들을 사용해서 효과적으로 전달하는 실력을 보여주고 있다. 성경을 사랑하는 이들에게 신성욱 교수의 《바이블 톡톡!》을 강력 추천한다.

정성국 아신대학교 신약학 교수

신성욱 교수의 글은 쉽고 간결하며, 재미있으면서도 풍부하다. 이런 글은 진정한 전문가만이 생산할 수 있다. 《바이블 톡톡!》은 초신자도 즐겁게 읽을 수 있지만, 책의 구성이나 실제로 다루는 주제들은 오랫동안 성경을 읽어 온 이들과 신학을 진지하게 연마하는 이들 모두에게 새로운 관점을 열어 주리라 확신한다.

나는 이 책을 대하면서 세 가지 도움을 받았다. 첫째는, 친아버지의 교훈 같은 내용들이다. 'STEP 1. 큰 그림을 그리라'는 생전에 나의 아버님이 늘 강조하시던 말씀이기 때문이다. 기존 사고방식의 틀에서 벗어나 넓게 보는 안목의 중요성을 재확인할 수 있었다.

둘째, 이 책은 성경 해석학의 네 가지 기둥인 '원문 연구', '문맥 연구', '배경 연구', '신학적 해석'을 놀랍도록 쉽고 평이한 언어의 체계로 바꾸어 놓았다. 따라서 이 책을 따라가며 저자가 의도한 체계를 배우면 성경을 보는 지평이 확장되며 체계화될 수 있을 것이다.

셋째, 이 책은 읽기 쉽도록, 한 주제마다 많지 않은 지면을 사용해서 풀어 놓았지만, 한 주제가 한 편의 설교로 재구성될 수 있다. 때로는 5-7분의 짧은 설교로, 때로는 15분 정도의 설교로, 심지어는 30분 이상의 설교로 쉽게 전환할 수 있는 풍부한 내용이다. 또 기존의 잘못된 성경 이해를 명쾌하게 바로잡으면서 정확한 성경 이해를 도울 것이다.

요약하면, 《바이블 톡톡!》은 독자들에게 다양하고 풍부한 유익을 주며, 필요를 채울 것이다. 이 책을 읽으면서 나는 신성욱 교수의 다른 책도 읽어 보아야겠다는 생각이 들었다. 성경을 애독하는 이들에게 일독을 적극 추천한다.

한규삼 충현교회 담임목사

프롤로그

미국의 한 거리에서 일어난 일이다. 지나가는 많은 사람에게 유명한 로고 열 개를 보여 주면서 알아맞혀 보라고 했다. 어떤 결과가 나왔을까? 사람들이 가장 많이 알아맞힌 로고는 '코카콜라'였다. 2위는 '맥도날드', 3위는 '세븐일레븐' 순이었다. '십자가'는 몇 위였을까? 10위 중 8위를 차지했다고 한다. '설마'라는 단어가 떠오르는가? 하지만 한 치의 속임도 없는 엄연한 사실이다. 이것은 무엇을 말해 주는가? 예상외로 불신자들에 대한 교회나 그리스도인들의 영향력이 크지 않음을 뜻한다.

코미디언 제이 레노(Jay Leno)가 사회를 맡아 진행하는 '제이 산책'이라는 프로그램이 있다. 길에서 만나는 사람들에게 간단한 질문을 하는 내용으로 되어 있는데, 한번은 그가 한 청년에게 십계명 중에서 생각나는 게 있으면 한 가지만 말해 보라고 했다. 그러자 약간 망설이던 젊은이는 이렇게 답했다. "하나님은 스스로 돕는 자를 돕는다"(God helps those who help themselves). 제이는 다시 물었다. "예수님의 열두 제자 중 한 사람만 말해 보세요." 그는 아무 대답도 하지 못했다. 그러나 제이가 비틀스(The Beatles) 멤버의 이름을 대 보라고 하자 그는 서슴없이 "존, 폴, 조지, 링고"라고 즉각 대답했다.[1]

이는 무엇을 뜻하는가? 사람들이 그만큼 성경에 대해 무지하다는 의미다. 문제의 그 청년이 불신자라고 단정하지 말라. 지나가는 많은 사람에게서도 비슷한 결과가 나왔으니 말이다.

한국 상황이라면 미국에서보다는 더 긍정적이고 다행스러운 결과가 나타나리라 확신한다. 하지만 매주 빠짐없이 교회에 출석하는 신자들 중 다수가 주일 예배 시 지참했던 성경책을 다음 주일 교회에 올 때까지 다시 열어서 읽지 않는다는 것쯤은 대부분이 알고 있는 사실이다.

성경이 '지상 최대의 보고'이며 '인류 최고의 베스트 & 스테디셀러'라는 사실을 부인하는 사람은 없을 것이다. 도서관이나 호텔이나 군대, 심지어 화장실에까지 비치되어 있을 정도로 성경은 전 세계적으로 가장 많이 출판되고 팔린 책으로 유명하다. 그뿐 아니라 성경은 도둑맞는 책으로도 톱이라 한다. 〈뉴욕타임스〉(*The New York Times*)가 '도서관에서 손 타는 책 베스트 10'을 조사한 결과가 그러하다. 비누, 가정상비약 같은 필수품으로 여겨지기 때문이라고 한다.

그럼에도 불구하고 성경은 다른 베스트셀러들과는 달리 '제일 따분하고 가장 안 읽히는 책'이라는 불명예를 동시에 갖고 있다. 가장 많이 팔림에도 불구하고 가장 읽히지 않는다는 것만큼이나 아이러니가 없다. 이유가 뭘까? 한 가지 이유를 밝히자면, 성경이 성스럽고 신비로운 책이어서 훔쳐서라도 가까이 두고 싶긴 하지만, 이해가 너무도 어려운 까닭에 읽으려는 사람이 별로 없기 때문일 게다.

성경을 읽는 사람이면 초보자든 오래 읽어 온 신자든 가릴 것 없이 공히 내뱉는 공통적인 불평들이 있다. 성경을 가르치고 강의를 다니면서 조사한 바에 따르면 대충 다음과 같은 볼멘소리들로 집약됨을 알 수 있다. "성경이 이렇게 어려워서야 어떻게 끝까지 읽을 수 있겠어요!" "무슨 말인지 도무지 감을 잡을 수가 없어 졸리기만 해요!" "성경에 모순되는 구절들이 너무 많아요!" "아무리 생각해 봐도 도저히 풀리지 않는 난제들이 늘 괴롭혀요!"

오죽하면 "잠 안 올 때 특효약이 뭔지 아니? 성경 한번 읽어 봐. 즉시 곯아떨어질 걸!" 이런 농담까지 생겨났을까. 하지만 이런 비아냥거림을 단지 우스갯소리로만 여기고 지나치기에는 지난날 우리가 맛보았던 이와 비슷한 경험들을 결코 무시할 수가 없는 형편이다.

하나님이 주신 최대의 보고인 성경이 우리에게 쉽게 열리거나 요리되지 않고 있음에 최대의 딜레마가 있다. 그것은 지도도 없이 보물을 찾아 나서는 사람들이 경험하는 것과 같은 좌절감일 것이다. 아니, 그것은 생명을 걸고 찾아나서 오랜 세월 천신만고 끝에 보물섬에 다다랐는데, 정작 보물 상자를 여는 열쇠가 없어 마지막 허탈감에 숨져 가는 사람의 심정과도 흡사하리라.

요즘 인터넷에서 인기 있는 사이트가 있다. 그것은 이런저런 '비결을 알려 주는 사이트'다. 예를 들어, '토익 만점 특별 비결', '최고의 요리사가 되는 비결', '남자에게 바람맞는 일곱 가지 비결', '고통 없이 자살할 수 있는 비결', 심지어 최근에는 '사람이 죽었다 하면 가장 먼저 달려오는 장의

사의 비결'과 같은 기이한 내용들도 인터넷에 뜬다.

성경을 가르치는 목사와 교수로서 그동안 숱한 질문들을 받아 왔다. 그중 가장 흔했던 질문 중 첫째는 "어떻게 하면 성경을 쉽게 이해할 수 있을까요?"라는 질문이었다. '성경을 쉽게 이해할 수 있는 비결!'이라든가 '성경의 진미를 맛보는 비결!'이라는 제목의 사이트가 있다면 아마도 그리스도인들이 가장 많이 검색하리라 본다.

이 책은 성경의 요리법에 있어서 아주 유익한 책 중 하나임을 자부한다. 이 책은 전문가들뿐 아니라 신앙의 초보자들까지도 지대한 관심을 갖고 있는 문제들을 다루고 있으며, 아울러 성경을 해석하고 이해함에 있어서 가장 쉽고 좋은 방법과 원칙을 제시하고 있다. 따라서 이 책을 순서대로 읽기만 해도 성경의 필수적인 내용들을 명확히 이해하게 될 것이며, 성경을 보는 눈 또한 확 뚫리게 될 것이라 확신한다.

어린 시절부터 지금까지 터득해 온 성경 해석의 원리와 실제들을 이 책에 고스란히 담았다. 나에게는 애지중지하는 자식들 못지않게 소중한 보석들이다. 물고기 한 마리를 얻어먹는 것보다 물고기 잡는 방법을 배우는 것이 더 중요하듯이, 이 책을 통해 성경의 숱한 산해진미들을 만끽하면서, 아울러 스스로 성경을 요리하는 비결을 배울 수 있게 되기를 바라는 마음이 간절하다.

그간 세계적으로 '성경 해석의 원리와 실제'에 관한 책들이 여러 권 출판되었다. 하지만 이 책의 내용만큼 실제적이고 성경의 많은 실례를 구체적으로 담고 있는 책은 찾아보기 힘들 것이다. 그런 점에서 이 책은 아주 가치 있는 책이 될 것임을 자신한다. 목회자나 신학생들은 물론, 평신도나 불신자들에게도 이해하기 쉽고, 재미있고 유익하며 감동적인 내용의 책이 되도록 무진 애를 썼다.

모든 장마다 각기 구체적인 성경의 실례들을 소개했는데, 술술 읽히는 쉽고도 맛깔스런 인문학적인 설명과 함께 수준 높고 차별화된 깊이 있는 올바른 성경 해석이 양념으로 곁들여져 있음이 이 책의 특징이다. 또한 사람들이 궁금해하는 내용들과 오해하고 있는 성경의 실례들을 골고루 다루고 있음도 그 특징 중 하나라 본다. 남녀노소, 신·불신, 초신자나 전문가를 막론하고 누구나 다 성경의 진미를 맛보는 일에 어려움이 없도록 전문적 용어나 신학적 표현은 되도록 삼갔음을 밝힌다.

성경 연구에 관한 재미있는 예화가 있어 소개하고자 한다. 스페인에 그라나다(Granada)라는 왕자가 있었다. 그는 스페인 왕의 명령으로 종신형을 선고받고 마드리드의 오래된 지하 감옥인 '해골들의 터' 독방에 갇혔다. 그도 왕좌를 이어받을 상속인 중 하나였으므로, 혹시라도 자신의 왕위를 노릴까 두려웠던 것이다. 그는 억울하게도 무려 33년을 감옥에서 보내야 했다.

얼마나 두렵고 외로웠을까? 그런데 다행히 그때 왕자를 가둔 자들이 책을 한 권 넣어 주었는데, 그 책이 바로 성경이다. 감옥에서 할 일이 없던 왕자는 거기 있는 동안 성경을 꼼꼼히 연구했다. 33년간 성경을 읽었으니 얼마나 많이 읽었겠는가? 그는 손톱으로 자신이 갇힌 방 벽의 부드러운 돌을 긁어서 메모를 남겨 놓았다. 특이한 것은 그가 남긴 메모의 내용이다. 성경과 함께 독방살이를 하는 동안 그는 다음과 같은 관찰 결과들을 내놓았다.

- 성경에는 '주님'이라는 말이 1,583번 나온다.
- '여호와'라는 말은 6,855번 나오며, '지존자'(reverend, KJV)라는 말은 단 한 번, 시편 111편 9절에 나온다.
- 성경의 정 가운데 있는 구절은 시편 117편 8절이다.
- 성경에서 가장 긴 구절은 에스더 8장 9절이며, 가장 짧은 구절은 요한복음 11장 35절이다.
- 시편 107편은 네 구절(8, 15, 21, 31절)이 같은 말씀으로 되어 있다.
- 시편 136편은 각 구절이 같은 말로 끝난다.
- 성경에는 여섯 개 음절이 넘는 낱말이나 이름을 전혀 발견할 수 없다.
- 이사야 37장과 열왕기하 19장은 같다.
- '소녀'(girl, KJV)라는 말은 성경에 단 한 번 나온다. 요엘 3장 3절에 실려 있다.
- 성경에는 3,538,483개의 글자, 773,693개의 단어, 31,373개의 구절,

1,189장 그리고 66권의 책이 들어 있다.[2]

그렇게 긴긴 세월, 얼마나 성경을 많이 읽었기에 이런 연구 결과물이 나왔을까? 하지만 그에게 있어서 말씀에 몰두한다는 것은 고작 이런 시시한 열매들만을 도출하게 했을 뿐, 자신의 변화와 성숙으로는 전혀 열매 맺게 하지 못했음에 주목하자. 마치 오늘 성경을 가르치는 전문가인 목회자들과 신학교 교수들의 모습을 보는 듯하다. 아니, 바로 내 모습을 정확하게 지적해 준다.

성경을 읽는 궁극적 목적은 '지식'이나 '정보'(Information)가 아니라 '삶의 변화'(Transformation)를 얻기 위함이다. 말씀을 가르치는 자가 먼저 그것을 스스로에게 잘 적용시켜 죄를 깨닫고 회개해 변화되고 열매 맺는 삶을 사는 것이 중요하다. 그것이 없다면 그가 가진 많은 지식과 학문이 자신을 찌르는 비수가 될 것이다.

코로나19 상황에 처한 지금 한국 교회는 어느 때보다 침체의 위기에 직면해 있다. 예배나 기도나 성경에 대한 관심이 점점 흐릿해져 가고 있다. 평양 대부흥 운동 100주년을 맞아 당시 부흥을 주도했던 사경회의 불씨가 교회 안에 다시 살아나야 한다. 은사도, 능력도, 다양한 프로그램 개발도 필요하겠지만, 한국 교회의 근본적인 살길은 성경으로 돌아가는 길밖에 없다. 성경의 지식만이 아니라 아는 만큼 순종해서 하나님이 기대하시는 차별화된 열매를 맺어야 한다.

이제 이 성경의 진수 속으로 한번 멋지고 황홀한 여행을 출발해 보지 않겠는가? 혼자서는 외롭고 두렵고 별 효과 없는 여행이 되겠지만, 유능한 안내자와 함께하는 여행이라면 충분히 기대해도 좋을 것이다. "Back to the Bible!"

책 출간에 앞서 귀한 작품을 만들어 낼 수 있게 해 주신 지혜의 원천 되신 하나님께 감사드린다. 또 소중한 추천사를 써주신 소강석 목사님, 송태근 목사님, 이영훈 목사님, 장세훈 교수님, 정성국 교수님, 한규삼 목사님께도 깊은 감사의 말씀을 드린다. 아울러 마음으로 기도해 주신 아버님과 사랑하는 아내와 혜림, 지민, 지원, 지훈 네 자녀에게도 고마움을 전한다.

끝으로 본서를 예쁘고 멋진 작품으로 꾸며주신 두란노서원 관계자분들에게 특별한 감사를 드린다.

2022년 4월

신성욱

STEP 1

큰 그림을 그리라

많은 그리스도인이 성경을 열심히 읽고, 성경 각 권과 단락들을 세세히 분석하기도 한다. 하지만 성경 원본의 진수를 제대로 살려서 이해하려면 전체를 큰 그림으로 볼 수 있게 해 줘야 한다. 성경을 큰 주제나 한 가지 주제로 묶는 일이 가능한지에 대해서는 학자들 사이에 의견이 분분하다. '언약'(covenant)이나 '하나님 나라'(the Kingdom of God)라는 큰 그림을 제시하는 책들이 성경 전체를 큰 흐름으로 이해하는 데 도움이 되리라 본다.

성경은 66권의 단권들로 이루어져 있지만 성령의 영감에 의해 한 권으로 모아진 책이다. 각기 다양하고 독특한 색깔의 내용을 소개하고 있지만 '예수 그리스도'와 '하나님 나라'라는 큰 주제로 흘러가고 있음을 부인할 수 없다.[3] 이 사실을 알고 성경을 읽는 것과 모르고 읽는 것에는 선명한 차이가 있기 때문에 성경 이해에 분명 지대한 영향을 미친다고 본다.

따라서 생명의 양식을 공급받기 위해 알아야 할 급선무는 성경이 처음 기록될 때 어떤 방식으로 쓰였는가 하는 것이다. 성경의 모든 기자들은 장이나 절이 없이 처음부터 끝까지 통으로 쭉 연결된 두루마리 상태로 내용을 기록했다. 창세기면 창세기 1장 1절부터 50장 마지막 절까지를 문맥으로 연결된 하나로 썼다는 말이다.

그러다 보니 편의상 장과 절로 구분할 필요가 생겼다. 한 장을 읽고서도 저자의 의도가 무엇인지 이해하기 어렵거늘, 그렇게 많은 내용을 단락이나 구절의 구분 없이 읽어서 본문의 뜻을 파악하기란 불가능에 가까웠던 게 사실이다. 그래서 궁여지책으로 마련한 노력이 1228년 캔터베리의 대주교 스티븐 랭턴(Stephen Langton)에 의해서 최초로 이루어졌다. 그때 비로소 성경의 장이 처음으로 나누어졌고, 16세기에 들어서야 비로소 절도 처음으로 구분되었다.[4]

이렇게 성경이 장과 절로 구분된 상태로 출간되어 모두가 짧게 나누어진 성경을 이해함에 큰 유익을 얻을 수 있게 된 것은 우리 모두에게 획기적인 일이라 할 수 있다. 하지만 그러다 보니 창세기면 창세기, 요한복음이면 요한복음 전체를 통해 흘러가는 거대한 하나의 물줄기를 놓치는 치명적인 문제가 야기됨을 언급하지 않을 수 없다. 성경은 장도 절도 없이 처음부터 끝까지 하나의 큰 흐름으로 연결된 책이다. 성경을 통으로, 본문 전체의 흐름을 파악하는 방식으로 읽지 않으면 성경을 가르치는 자나 배우는 자 공히 저자가 원래 의도한 큰 의미와 메시지를 놓칠 수밖에 없다.

현대인들이 즐겨 하는 큐티의 경우는 문제가 더 심각하다. 한 장도 아닌 자기 입맛에 맞는 몇 구절만을 본문으로 택해서 묵상하고 적용하는 경우가 많다. 성경 전체의 문맥을 간과한 묵상과 적용에는 '교훈 도출'이라는 열매밖에는 따 먹을 것이 없다. 물론 성경 속에는 우리에게 주는 소중한 교훈들이 즐비하다. 그 하나하나가 우리의 삶을 새롭게 하고 구체적인 변화로 이끄는 보배들이다. 하지만 그 속에는 그런 작은 보물들만 존재하는 것이 아니라, 성경 전체를 꿰뚫고 거침없이 흘러가는 진리의 물줄기가 있다. 산에 올라 정작 중요한 산삼은 놓친 채 덜 소중한 도라지 몇 뿌리만 캐내서 먹는다면 어찌 되겠는가. 따라서 짧게 정한 본문으로 매일 큐티를 하는 것도 필요한 일이지만, 성경 전체의 문맥을 통해 도도히 흐르는 큰 물줄기를 파악함에도 신경 써야 한다.

성경을 이해함에 주석보다 더 많이 찾는 도구는 없을 것이다. 일반적으로 주석은 목회자들이 설교할 때 참조하는 유일한 수단이라 할 수 있다. 물론 평신도들 가운데도 성경에 깊은 관심이 있는 이들은 목회자들의 전유물로 치부되어 온 주석을 사서 읽는 이들이 많다. 그런데 주석은 역사적 배경이나 짧은 한 단어와 한 구절을 이해함에는 도움이 될지 몰라도, 성경 전체의 문맥을 파악하는 데는 오히려 해를 끼치는 면이 있음을 주지할 필요가 있다. 성경 전체의 흐름을 계속 알려 주고 주입시킴에는 한계가 있음을 알아야 한다. 아무리 서론에서 전체의 흐름을 설명해 놓는다 해도 매 장, 매 절, 매 단어를 살피다 보면 문맥을 놓칠 수밖에 없다.

성경과 설교학을 가르치는 교수로서 요즘 한국 강단에서 주목할 만한 설교자가 누가 있는지 소개해 달라는 요청을 많이 받는다. 내가 모든 설교자들의 설교를 다 듣고 있는 것이 아니기에 평가하기가 곤란하긴 하지만, 아직까지는 드러내어 자랑할 만한 설교자가 쉬 보이지 않는다는 것이 내 솔직한 대답이다.

얼마 전, 부평에 위치한 처음 만나는 선배 목사님 교회에 설교를 하러

갔다. 예배 시작 전 담임목사님 내외분과 식사를 하고 있는데 사모님이 질문을 했다. "교수님, 어떻게 하는 게 설교를 잘하는 건가요? 여러 강사 분들을 모셔 봤지만 설교 잘하는 분들이 별로 없어서요." 강사 앞에서 던질 질문은 아니라 생각됐지만 사모님의 진솔한 질문이었다. 식사하면서 20여 분간 설교에 관해 나눈 것 같다.

한국 교회 설교자들의 설교를 굳이 분석해 보자면 둘로 나눌 수 있다. 우선은, 설교의 내용은 좋지 않으나 전달이 탁월한 경우다. 다음으로는, 전달은 약하나 본문에 매우 충실한 경우다. 둘 다 한쪽으로 치우친 설교라고 할 수 있다. 전달도 효과적이면서 본문의 알맹이가 꽉 들어찬 설교라야 최상의 설교라 할 수 있는데, 문제는 설교자들의 성경 해석에 문제가 많다는 것이다.

한마디로 말하자면, 성경 실력을 제대로 갖춘 설교자가 드물다는 것이다. 이것은 근본적으로 신학교의 문제요, 교수들의 문제라 할 수 있다. 신학교에서 잘 가르쳤어야 했다는 말이다. 물론 목회자들의 경우 신학교나 교수들 핑계를 대서는 안 된다. 그만큼 성경의 실력을 키움에는 본인의 노력과 의지와 열정이 제일 중요하기 때문이다. 내 과거의 경험으로 볼 때도 개인적으로 땀과 수고와 열의는 아주 절실했다고 본다. 목회학 석사(M.Div.) 과정뿐 아니라 신학 석사(Th.M.)와 박사(Ph.D.) 과정에서 성경을 배우는 일도 무시할 수 없지만, 스스로 성경을 읽고 도전하고 씨름하고 하나님께 묻고 기도하면서 터득한 것이 몇 십 배나 더 소중했음을 고백할 수 있다. 물론 어릴 때부터 성경을 다독한 것은 문맥을 놓치지 않고 원 포인트로 흘러가는 하나님의 놀라운 역사와 진리에 눈을 뜨게 해 준 최고의 투자였던 것 같다.

'어떤 설교가 최고의 설교인가'를 물었던가? 최고의 설교는 '영양 만점의 영의 양식을 가장 맛있게 요리해서 먹이는 설교'라고 할 수 있다. '하나님의 관점'과 '인물 중심의 관점' 중 어느 하나도 소홀히 하지 않고 골고루 맛보이는 '균형 갖춘 식단'을 준비한 설교가 최고가 아니겠는가! 설교자가 아니더라도 하나님이 주신 성경 말씀을 제대로 잘 이해하고 파악해서 삶의 구체적인 열매로 드러내는 하나님의 백성이 다 되었으면 좋겠다.

01. 관점이 바뀌면 해석이 달라진다

'소보다 못한 인생'이 되지 말라니?

사무엘상 6장은 많은 설교자들에 의해 오용되어 설교되고 있는 대표적인 본문 중 하나다.[5] 주로 헌신 예배나 신학교 졸업 예배 시에 '벧세메스로 가는 소!' 혹은 '소보다 못한 인생이 되지 말라!'라는 제목으로 즐겨 설교되는 본문으로 유명하다. 이 본문을 사용한 한 설교자의 설교 줄거리를 기억나는 대로 적어서 소개해 본다.

> 새끼가 그립고 젖이 불어 아파 울면서도 조물주의 섭리에 충실해서 벧세메스로 곧장 달려가 사명 완수하고 생명마저 드린 소처럼 나는 그렇게 살지 못합니다. 그러기에 하나님 앞에서 나는 소만도 못하다는 고백을 할 수밖에 없습니다. 머리로 알고 입으로 말하지만, 그렇게 살지 못하는 나는 정말 소보다 못한 인간입니다.

이제는 다른 설교자의 설교문 중 뼈대만 발췌해서 소개해 본다.

> 첫째, 두 마리 암소는 자신에게 맡겨진 사명을 감당하기 위해서 뒤돌아보

지 않았습니다.

둘째, 사명을 위해 서로 협동하는 두 마리 암소였습니다.

셋째, 사명을 위하여 끝까지 달려간 두 마리 암소였습니다.

넷째, 사명을 다한 후에 희생의 제물이 되었다는 것을 기억합시다.[6]

이 설교들을 분석, 비판하기 전에 먼저 본문의 배경과 줄거리를 살펴보기로 한다. 하나님의 법궤를 빼앗아 온 블레셋 사람들의 고민은 그 법궤를 어디다 둘 것인가에 관한 것이었다. 결국은 그들이 섬기는 다곤 신전 아래에 법궤를 놓아두었다. 이것은 다곤 신이 하나님보다 더 위대하고 강하다는 것을 드러냄과 동시에 하나님을 조롱하고자 하는 의도였다. 그러나 그들에게 되돌아온 것은 재앙뿐이었다. 이것을 통해 하나님은 당신이 모든 신보다 크신 분임을 스스로 블레셋에서 증명하셨고, 법궤를 빼앗긴 이스라엘 백성은 법궤의 소중함을 다시금 깨닫게 되었다.

블레셋 사람들은 뜨거운 감자인 이 법궤를 어떻게 이스라엘로 돌려보내야 할지를 고민했다. 그래서 한 번도 멍에를 메어 보지 아니한 젖 나는 소 두 마리를 끌어다가 수레를 메우고 송아지들은 떼어 집으로 돌려보낸 후 법궤를 싣고 이스라엘 벧세메스로 가게 했다. 만일 이 두 마리의 암소가 새끼들을 생각해서 정해진 길로 똑바로 가지 않고 치우치거나 돌이킨다면 그들에게 일어난 재앙은 우연의 결과일 것이나, 혹 암소들이 좌로나 우로 치우치지 않고 똑바로 간다면 이는 이스라엘의 하나님 여호와로부터 온 재앙으로 받아들여야 한다는 것이었다.

이 시험에 하나님은 의도를 가지고 당신의 절대적 섭리로 응하셨다. 여호와 하나님만이 살아 있는 참 신이심을 그들에게 보여 주기 위해 암소들을 강권하심으로 그들이 새끼들을 생각하며 울었지만 좌우로 치우치지 않고 벧세메스 길로 똑바로 행하도록 하셨던 것이다.

사실 이 본문을 선택한 대다수의 설교자들은 앞에 소개한 내용에서처럼 소를 우리의 본보기로 내세운 모범적인 설교들을 주로 하고 있음을 볼 수 있다. 그러나 벧세메스로 가는 소의 사건에서는 하나님의 절대적인 섭리만이 우리에게 주는 유일한 진리와 메시지임을 알아야 한다. 벧세메스로 가는 소에게서 충성심이나 희생정신을 배우자는 가르침은 성경의 기초도 모르는 무지의 소치다. 비록 새끼를 놔두고 하나님의 절대적인 주권과 역사하심에 따라 끌려가야만 했던 어미 소들의 괴로운 마음까지야 비판할 수 없겠지만, 소들이 자발적으로 좌우로 치우치지 않고 간 게 결코 아니었음을 놓쳐서는 안 된다.

사무엘상 6장 12절에 보면 "암소가 벧세메스 길로 바로 행하여 대로로 가며 갈 때에 울고 좌우로 치우치지 아니하였고"라는 내용이 나온다. 여기서 '울고'라는 단어를 놓쳐서는 안 된다. 하나님을 위해 사명을 감당하거나 충성하고 헌신하는 데는 전혀 관심이 없고, 암소들의 마음은 오직 새끼들에게만 가 있었다는 사실을 잘 보여 주는 단어다. 소들은 억지로, 정말 내키지 않는 마음으로, 자기들을 끌고 가는 알 수 없는 힘에 대해 불평하는 마음으로 눈물을 흘리면서 어쩔 수 없이 끌려갔을 것이다. 그런 소들을 우리의 모범으로 높이면서 '소보다 못한 사람이 되지 말라'는 식으로 설교를 해서는 안 된다.

김지찬 교수는 이 본문으로 설교하는 대다수의 설교들을 '알레고리컬한 설교'와 '주석 없는 설교'라고 강하게 비판한다.[7]

사무엘상 6장은 결코 모범적인 관점으로는 해석할 수 없는 본문이다. 오직 하나님의 절대 주권만이 강조되는 하나님 중심적인 관점으로 봐야 한다는 말이다. 하나님이 당신의 뜻을 가지고 이방 민족들의 테스트에 응하심으로 법궤로 인한 사건이 진정 그분의 역사였음을 이방 민족에게 나타내시기 위해 소들을 강권해서 좌우로 치우치지 않게 역사하셨을 뿐임을 놓쳐서는 안 된다.

12절과 함께 주목해야 할 구절이 있으니 20절이다.

> "벧세메스 사람들이 이르되 이 거룩하신 하나님 여호와 앞에 누가 능히 서리요 그를 우리에게서 누구에게로 올라가시게 할까 하고."

여호와 하나님의 위대하심과 능력이 블레셋 사람들에게뿐 아니라 벧세메스 사람들에게까지 높이 인정을 받게 되었음을 보라. 이런 결과를 기대하고 하나님이 그 테스트에 응하셨음을 놓쳐서는 안 된다. 오직 하나님의 절대 주권과 위대하심만이 본문의 핵심 주제임을 기억하고 살자.

02. 텍스트와 콘텍스트의 조화를 이루라

삭개오와 예수님 중 누가 먼저 찾았나?

오늘날 설교자들의 설교 내용에 꽤나 큰 문제가 하나 있음을 본다. 그것은 '조건문의 율법적인 설교'가 난무하고 있다는 것이다. 무슨 말인가 하면, 우리가 하나님을 찾고 그분에게 나아가면 하나님도 우리에게 응답하고 복을 주신다는 내용의 설교들이 많다는 것이다. 거꾸로 말하면, 우리가 하나님께 나아가거나 그분을 찾지 않는다면 그분도 우리를 외면하실 거라는 말이다.

"하늘은 스스로 돕는 자를 돕는다"(God helps those who help themselves)는 말이 있다. 이는 목사들이 설교에 자주 인용하는 명문장으로 통해 왔다. 하지만 이 내용만큼 율법적이고 비성경적인 문장이 없음을 대부분 알지 못한다는 사실이 충격으로 다가온다. 하나님의 도우심을 받으려면 우리 편에서 먼저 최선을 다하는 수고와 노력이 있어야 한다는 것이다. 누구처럼 말인가? 누가복음 19장에 나오는 삭개오처럼 말이다.

> "삭개오라 이름하는 자가 있으니 세리장이요 또한 부자라 그가 예수께서 어떠한 사람인가 하여 보고자 하되 키가 작고 사람이 많아 할 수 없

어 앞으로 달려가서 보기 위하여 돌무화과나무에 올라가니 이는 예수께서 그리로 지나가시게 됨이러라"(눅 19:2-4).

예수님이 자기 마을로 지나가신다는 말을 들은 삭개오가 취한 행동을 보자. 그는 예수님을 만나기 위해 당시 지체 높은 사람으로서는 하지 않을 '앞으로 달려가는' 모험을 감행한다. 그럼에도 키가 작아 볼 수 없게 되자 '돌무화과나무에 올라가는' 수치를 감내하면서까지 예수님을 추구하는 모습이 여실히 드러나 있다. 삼대지로 설교하는 이들이 설교 개요로 즐겨 만드는 내용이 아니던가? 다음과 같이 말이다.

〈축복받는 세 가지 비결〉

첫째, 삭개오처럼 영적인 갈증이 있어야 한다.
둘째, 삭개오처럼 주님을 간절히 사모해야 한다.
셋째, 삭개오처럼 수치를 무릅쓰는 겸손한 자세를 보여야 한다.

이것이 '조건문의 율법적인 설교'의 전형이다. 본문에서 '주님을 추구한 삭개오'밖에 보이지 않는다면 설교자가 한쪽으로 꽤 많이 치우쳐 있다는 사실을 알아야 한다. 누가복음 19장 2절부터가 아닌 1절부터 본문을 파악하는 눈을 키워야 한다.

1절의 내용이 무엇인가? "예수께서 여리고로 들어가 지나가시더라."

무슨 말인가? 삭개오가 주님을 추구하기 이전에 예수님이 삭개오의 영적 갈증을 알고 그 한 사람에게 은혜를 베푸시고자 여리고로 들어가셨다는 사실을 놓쳐서는 안 된다.

19장 10절은 누가복음의 주제 구절이다.

"인자가 온 것은 잃어버린 자를 찾아 구원하려 함이니라."

우리는 동네 사람들로부터 왕따 및 내침을 당하고 조롱과 조소 속에서 고독하고 불쌍한 삶을 살던 잃어버린 한 영혼을 위해 예수님이 의도적으로 오셨다는 사실을 놓쳐서는 안 된다. 이것은 하나님의 구속사를 성취하기 위해 보내어진 강력한 메시아로서의 신적인 목자의 이미지를 함축하고 있다.[8] 예수님을 찾아와서 추구한 삭개오보다 삭개오를 구원시키기 위해 찾아가서 먼저 대화를 시작하신 약속된 메시아로서의 예수님의 의도와 행동이 선행되고 있음을 보지 못해서는 안 된다. 예수님의 선행적인 은혜와 구원 선포가 아니었다면 구두쇠 삭개오의 지갑은 그렇게 크게 활짝 열릴 수 없었음을 반드시 기억하자.

"하늘은 스스로 돕는 자를 돕는다"는 말이 성경적인 내용이라면, 기독교는 다른 종교와 아무런 차이가 없다. 열심히 노력하고 선을 행하면 부처가 되고 극락에 갈 수 있다는 결론이 나온다. 기독교와 타 종교의 차이점이 무엇인가? 타 종교는 우리가 최선을 다해 살 때 신도 우리를 돕고 구원한다고 말한다. 반면 기독교의 차별성과 유일성은 하나님이 먼저 우리를 찾아와 은혜를 선포하신다는 내용이다.

"하늘은 스스로 돕는 자를 돕는다"라는 내용을 성경적으로 바꾸어 보자. "하나님은 스스로 도울 능력이 없는 자들을 도우신다"(God helps those who cannot help themselves)가 될 것이다. 그렇다. 이게 바로 복음이다. 하나님은 스스로는 선을 행할 수도 없고 구원할 수도 없는 이들을 구원하시기 위해 예수님을 보내셨다. 하나님이 먼저 우리를 찾아오셨다는 것이다. 요한일서 4장 19절은 "우리가 사랑함은 그가 먼저 우리를 사랑하셨음이라"라고 말씀한다.

오늘 설교자들의 설교 속에 조건문의 율법적인 내용이 너무 많다는 지적에 대해 대부분의 설교자들은 선뜻 동의하지 않는다. 하지만 상세한 설명이 곁들여진 후에는 자신의 설교 내용이 심히 율법적이라는 사실에 모두가 충격을 받는다. 오랜 세월 은혜의 복음이 나아가는 방향을 정리하지 못한 채 성경을 읽고 설교해 왔기 때문이다. 이제부터라도 자신의 설교 방향이 어떤 식으로 나아가고 있는지를 잘 점검해서 성경적인 복음의 방향대로 설교함이 지혜와 복이 될 것이다.

03. 수평적 사고와 수직적 사고에는 한계가 있다

무화과나무의 비유

돈이 많은 한 사업가가 생산지에서 쌀 한 가마니를 15만 원에 구입해 3분의 1 가격인 5만 원에 되팔았다. 그리고 몇 년이 못 되어 그는 백만장자가 되었다. 이상하지 않은가? 손해만 보고 살았는데 백만장자라니, 어떻게 이런 일이 가능한 것일까? 당연히 가능하다. 만약 당신이 수직적 사고를 한다면 '3분의 1 가격'이라는 점에 주목할 것이고, 수평적 사고를 한다면 '백만장자'의 의미에 주목할 것이다.

사실 이 문제는 간단하다. 원래 남성은 '억만장자'였는데, 쌀장사로 매번 적자(가마니당 10만 원씩)가 나는 바람에 '백만장자'가 된 것이다. 3분의 1 가격에 되판 것에만 신경 쓰다 보니 원래는 백만장자보다 더 큰 부자였을 수 있음에 대해서는 생각하지 못한 것이다. 고정관념 때문이다.[9]

"세상에는 아주 단단한 것 세 가지가 있다. 그것은 바로 '강철', '다이아몬드' 그리고 '당신의 딱딱한 인식'이다." 이는 미국 건국의 아버지 벤자민 프랭클린(Benjamin Franklin)의 말이다. 우리가 가진 인식, 즉 '고정관념'을 바꾸기란 여간 어려운 게 아님을 암시한다. 게다가 고정관념은 '원래 그런 것을 굳이 바꿀 필요가 있나?' 하는 편견 혹은 방관적 사고 때문에 그대로 유지되는 경우가 많다. 기성세대들의 많은 경험과 편중된 지식은 무수한 고정관념을 쏟아냈다. 과거의 지식과 경험이 만든 필터를 통해 세상을 바라보고 판단하려 하지 말라. 방심과 현실 안주 그리고 변화를 꺼리는 생각에 젖어드는 순간 고정관념으로 빠져들고 만다.

마가복음 11장에는 무화과나무의 비유가 나온다. 이는 성경의 최대 난제라 할 수 있는 본문이요, 아직도 풀리지 않는 숙제 중의 숙제라 할 수 있다. 다음 내용은 성경을 해석하는 많은 이들을 매우 곤란하게 했다.

> "멀리서 잎사귀 있는 한 무화과나무를 보시고 혹 그 나무에 무엇이 있을까 하여 가셨더니 가서 보신즉 잎사귀 외에 아무 것도 없더라 이는 무화과의 때가 아님이라"(막 11:13).

예수님이 이동하다가 멀리서 잎사귀가 무성한 한 무화과나무를 보시고는 열매가 있을까 해서 갔다가 잎사귀 외에는 아무것도 없어서 무참히 저주하신 사건이다. 문제는 그때가 무화과의 열매를 볼 때가 아니었다는 점이다. 제철도 아닌 때에 열매를 기대하신 것 자체가 잘못인데 어째서 예수님은 열매 없는 무화과나무를 저주하셨을까?

우선은 이스라엘의 농사법으로 난제를 해결하려는 시도가 있었다. 이스라엘 농사법으로는 첫째, 무화과나무에 잎사귀가 있으면 열매도 있음을 의미한다는 것이고, 둘째, 무화과나무가 결실하는 시기 이전에 조기로 맺히는 열매가 있다는 것이다. 즉, 예수님이 멀리서 잎사귀가 있는 무화과나무를 보시고 일찍 맺히는 열매를 기대하셨다는 것이다. 하지만 이 해석은 받아들일 수 없다. 어쨌든 13절 끝에 기록된 내용은 "이는 무화과의 때가 아님이라"고 했기 때문이다. 조기에 맺히는 열매는 전혀 고려되지 않았다는 말이다. 어떻게 해석하건 간에 13절 마지막 내용은 아직 무화과의 철이 아님을 알려 준다. 뒤에 이런 단서가 없다면 여러 해석이 가능하겠지만, 그 내용 때문에 본문은 난제 중의 난제가 된 것이다.

본문은 지금까지 수많은 학자들로 하여금 예수님이 제철도 아닌 때에 무화과 열매를 기대하고 또 저주하신 이유를 파헤치는 일로 골머리를 앓게 했다. 나 역시 이 내용으로 인해 숱한 세월을 고민과 궁금증으로 보내 왔다. 그러던 어느 날, 그날도 이 본문을 어떻게 해석해야 할 것인지로 고민을 많이 하던 차였다. 이제는 제발 본문을 속 시원히 이해할 수 있게 해 달라고 하나님께 간절히 기도하던 중이었다. 바로 그 순간, 내 시야에서 무엇인가가 사사삭 스쳐 지나가는 듯한 느낌을 받았다. 그때 절박하게 드린 기도는 내 시야를 무화과나무의 열매에서 잎사귀로 옮기는 결과로 응답되었다. 본문 해석이 명쾌하게 풀린 순간이었다. 더 생각할 필요조차 없었다.

바로 그것이었다. 이 본문은 무화과나무의 열매에 초점을 맞추어 풀고자 하면 절대로 해석이 안 되는 내용이었다. 이 비유에서 예수님은 무화과나무에 열매가 없음에 대해서가 아니라, 열매 없이 달려 있는 잎사귀에 대해서 지적하신 것이다. "혹 그 나무에 무엇이 있을까 하여 가셨더니 가서 보신즉"이라고 한 것은 열매 없이 잎만 무성한 이스라엘 백성을 테스트해서 확증하셨음을 뜻하는 것이다.

열매가 없다면 잎사귀도 없어야 정상이거늘, 무화과나무는 그동안 열매가 없음에도 무성한 잎사귀만 자랑하면서 지나가는 수많은 사람을 속여 온 것이다. 이는 한마디로 이스라엘의 '외식'(hypocrisy)을 지적하신 것이다.

하나님이 제일 싫어하시는 두 가지 죄가 무엇인가? 하나는 '교만의 죄'이고, 다른 하나는 '외식의 죄'이다. 없으면서 있는 체하는 것 말이다. 바리새인과 서기관들처럼 경건의 열매는 전혀 맺지 못했음에도 경건의 모양만 갖추고 있는 구역질나는 교만한 유대인들의 모습처럼 말이다. 이어서 나오는 성전청결 사건 역시 같은 주제인 '외식'을 지적하신 내용이다. 때문에 이 두 사건은 다음과 같이 '샌드위치 기법'으로 기록되어 있다.

A. 무화과나무 사건 1

B. 성전청결 사건

A'. 무화과나무 사건 2

성전은 기도하고 예배드리는 장소다. 그런데 기도와 예배에는 관심 없고 돈 바꾸는 일을 통해 이윤을 남기려는 이들이 거기 있었다. 이들이 바로 '외식'하는 자들이다. 성경은 '외식'이라는 공통 주제를 지닌 무화과나무 사건과 성전청결 사건을 차례로 소개한 후 '외식의 결과가 얼마나 무서운지'를 20절을 통해서 결론적으로 보여 준다. "무화과나무가 뿌리째 마른 것" 말이다. 그렇다. 외식의 결과는 무서운 저주와 심판이다.

이처럼 한쪽으로 굳어 버린 고정관념 때문에 여태껏 본문이 제대로 해석되지 못했다. 서두의 억만장자 이야기에서도 지적했듯이, 잘못된 고정관념이 성경 해석에까지 영향을 끼치고 있음을 본다. 이제는 우리 모두가 딱딱한 고정관념을 떨쳐 버리고 유연한 사고자로 변신했으면 좋겠다. 아울러 하나님 앞에서 외식하는 자는 아닌지 스스로를 점검해 보는 계기 또한 되었으면 좋겠다.

사기를 당해 거액의 빚을 진 상인과 미모의 딸에게 대부업자가 이런 제안을 했다. "주머니에서 흰색 돌을 꺼내면 빚을 탕감해 주겠다. 하지만 검은색 돌을 꺼내면 빚을 탕감해 주되 딸은 내게 줘야 한다." 이를 거부할 경우에는 빚을 갚지 않은 죄로 상인을 감옥에 보내겠다는 협박을 덧붙였다.

상인은 자신의 소중한 딸을 음흉하기로 소문난 대부업자에게 빼앗기는 것이 죽기보다 싫었다. 대부업자가 주머니 속에 검은색 돌 두 개를 넣어 두었을 것으로 예상했기에 상인의 머릿속은 무척이나 복잡했다. 그렇다고 주머니 속의 돌들을 보여 달라고 할 수도 없는 일이었다. 이런 위기 상황에서 만약 상인과 딸이 기존 관념에 얽매인 수직적 사고를 하게 된다면 어떻게 될까?

· 딸을 위해 상인은 대부업자의 제안을 거부하고 감옥에 간다.

· 아버지를 위해 딸이 대부업자에게 시집을 간다.

이처럼 논리적이고 원칙적인 것만 따지는 수직적 사고는 '주머니 속에서 꺼낼 돌'에만 초점을 맞춘 나머지 문제 해결에 실패한다. 과연 이 절체절명의 위기를 두 부녀는 어떻게 돌파할 수 있을까? 지혜로운 딸은 아버지에게 걱정하지 말라고 한다. 비책이 있었기 때문이다. 발상의 틀을 바꾼 수평적 사고를 했기에 문제가 없었다. 딸은 '주머니 속에 남아 있는 돌'에 주목했다.

그녀는 주머니 속에서 돌을 하나 꺼내다가 실수를 한 것처럼 마당의 여러 자갈들 가운데 떨어뜨렸다. 그러고는 이렇게 말했다. "어머! 죄송해요. 너무 긴장한 탓에 그만 돌을 놓쳐 버렸어요. 그런데 어쩌죠? 이 많은 자갈 중에 무슨 색깔의 돌을 떨어뜨렸는지 알 수가 없네요. 하지만 괜찮아요. 그 주머니 속에 든 돌의 색깔을 보면 제가 꺼낸 돌의 색을 알 수 있을 테니까요."[10] 상황이 이렇게 되면 대부업자는 꼼짝없이 주머니에서 검은색 돌을 꺼낼 수밖에 없다.

수평적 사고 문제는 감성적인 우뇌 자극과 호기심, 새로운 발상을 촉진하는 데 도움을 준다. 수평적 사고를 위해 머리를 싸매는 횟수와 고뇌만큼 창의력으로 향하는 길은 점점 더 평탄하다.

STEP 2

상식을 깨라

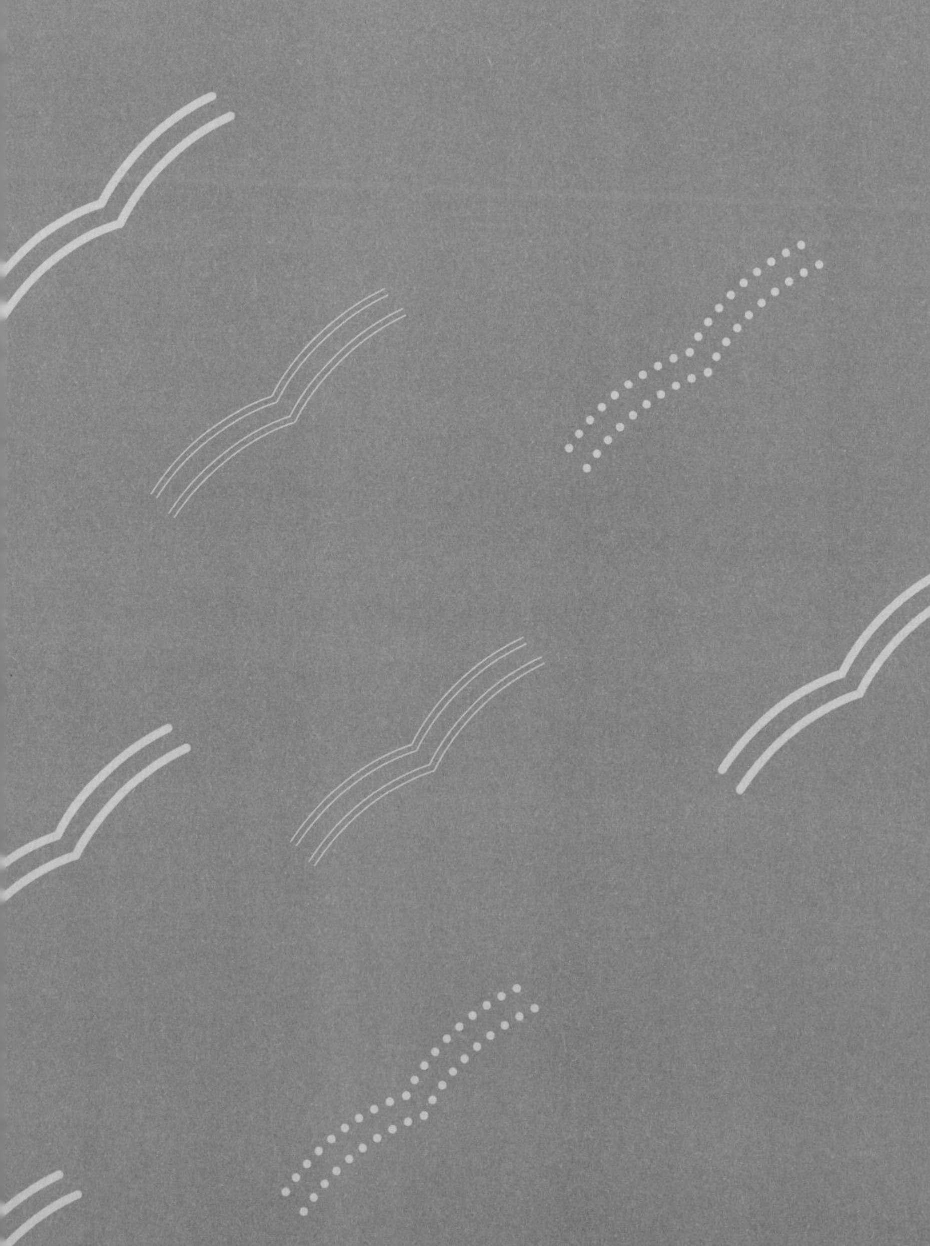

<이쁘기만 한데...>[11]

논에서 잡초를 뽑는다

이렇게 아름다운 것을

벼와 한 논에 살게 된 것을 이유로

'잡'이라고 부르기 미안하다.

농부들한테 보였다가는 뺨 맞을 일이겠지만, 남다른 시인의 시각에서 보면 잡초는 더 이상 천덕꾸러기가 아니라 아름다운 풀이다. 기존의 고정관념과 상식을 깨부수는 일이다.

《관점을 디자인하라》(프롬북스)의 저자 박용후는 다음과 같이 말한다.

> 당연함을 부정하고, 상식을 부정하고, 관점을 바꾸고, 틀을 깨고 나와 틀 밖에서 바라보라. 그리고 뻔한 질문 대신 사람들의 관점을 바꾸는 질문을 하라. 그러면 당신은 어떤 싸움에서도 지지 않을 것이다. 그리고 당연함을 부정하라. 모두가 당연하게 그냥 지나치는 것일지라도 '왜?'라는 의문을 품기

바란다.[12]

상식적이고 당연하다고 생각하는 것들 중 그렇지 않은 것들이 적지 않다. 선풍기는 더위를 식히기 위해 만들어진 것이지 않은가! 더위를 식히려면 시원한 바람이 필요하다. 그 바람이 어디서 만들어지는가? 선풍기의 날개에서 나온다. 때문에 날개 없는 선풍기는 상상할 수가 없다. '날개 없는 선풍기'는 상식 밖이다. 그런데 이 상식과 당연함을 부정하지 않았다면 날개 없는 선풍기는 발명될 수 없었을 것이다. 그 상식을 부정한 이를 통해 일반인들의 예상을 뒤엎는 날개 없는 선풍기가 세상에 출현하게 된 것이다.

토끼와 거북이가 경주를 하면 누가 이길까? 우리 전래동화에서는 거북이가 이긴다. 토끼가 경주하다가 낮잠을 자 버렸기 때문이다. 하지만 미국 동화에서는 토끼가 이긴다. 그게 정상이다. 애초에 거북이는 토끼의 경쟁 상대가 아니다. 토끼는 빨리 달리도록 태어난 반면, 거북이는 느리게 걸어가도록 되어 있기 때문이다. 그렇다면 거북이는 토끼와의 경주에서 늘 지는 것일까? 아니다. 환경이 바뀌면 이야기는 달라진다. 물속에서 경주하면 누가 이길까? 당연히 거북이다. 토끼는 육지 동물인 반면, 거북이는 땅보다는 물속에서 보다 빨리, 자유롭게 헤엄친다. 무슨 말인가? 우리가 상식으로 알고 있는 것들 중에는 틀린 것들이 적지 않다는 말이다.

성경 해석에 있어서도 마찬가지다. 경험상 우리가 상식적으로 알고 있는 성경 지식 중에는 잘못된 것들이 꽤 많다. 따라서 성경을 대할 때는 언제나 마음을 완전히 비운 채 본문에 있는 그대로를 편견 없이 받아들일 수 있는 열린 마음 자세가 필요하다. 다시 말해서, '뒤집어 보기', '거꾸로 보기', '고정관념 깨기', '새로운 발상'이 필요하다는 말이다. 당연함을 부정하고 상식을 깨뜨리면 지금까지 발견하지 못한 성경 속 보화를 캐낼 수 있음을 잊지 말자!

01. 고정관념의 울타리를 넘어서라

하나님은 우리의 최고이신가?

교회에 초청받아 갈 때마다 설교 중 교인들에게 즐겨 던지는 질문이 하나 있다. "하나님이 여러분의 최고가 되심을 믿으십니까?"라는 것이다. 이 물음에 모두가 예외 없이 "아멘!"이라 답하는 것을 본다. 민망하게도 맨 앞에 앉아 있는 담임목사의 아멘 소리가 제일 크다. 그때 나는 "노멘!"이라 크게 소리친다. 그러면 모두가 당황해하는 표정을 짓는다. '뭐라고? 하나님이 우리의 최고가 아니라고? 저 사람 이단 아냐? 어떻게 저런 사람을 강사로 모신 거지?' 이런 모습이 역력하다. 무엇보다 담임목사의 난감해하는 모습이 나를 제일 힘들게 한다. 바로 그때 나는 한 치의 망설임도 없이 설명에 들어간다. 정확하게는 교정에 들어간다고 해야 옳을 것이다.

불행하게도 '하나님을 우리의 최고로 두라!'고 가르치고 '하나님을 우리의 최고로 모셔야 한다'고 믿고 살아가는 그것에 우리 신앙의 큰 맹점이 있음을 대부분은 모르고 있다. 기아자동차의 슬로건은, "우리는 최고(the best)를 원하지 않는다. 유일한 것(the only one)을 추구할 것이다"이다. 바로 여기에 힌트가 있다.

결혼한 여자들에게 물어보자. "당신의 남편이 당신을 최고로 사랑하기를 원하나요, 아니면 유일한 사랑으로 사랑하기를 원하나요?" 그러면 모두가 '유일한 사랑으로'라고 답한다. 그런데 지금까지는 어땠는가? 아내가 남편에게 묻는다. "자기, 나 사랑해?" "그럼!" "얼마나 사랑해?" "최고로 사랑하지!" 그러면 좋아들 해왔을 것이다. 그럼 한번 따져 보자. 아내를 최고로 사랑한다는 남편의 대답이 좋다는 것은 남편에게 두 번째, 세 번째 사랑하는 여자가 있어도 좋다는 것이 아닌가?

그렇다. 이성적 사랑으로 이야기하자면 남편은 아내를 최고로 사랑해서는 안 되고 유일한 사랑으로 사랑해야 함이 옳다. 남편들에게 물어보면 어떨까? 마찬가지가 아닐까? 우리 하나님도 똑같으시다. 하나님이 우리 신앙의 대상으로 최고가 아니라 유일한 분이 되셔야 함을 놓치지 말자.

수년 전, 기업의 회장이었다가 뇌물을 주고 국회의원이 된 사람이 있다. 사실이 폭로되어 검찰에 불려가게 되었는데 검찰 출두 하루 전날 자살하고 말았다. 그는 다름 아닌 교회의 장로였다. 평소 하나님이 그에게 유일한 신앙의 대상이었다면 그가 왜 자살했을까? 평소 그에게 권력과 명예는 하나님 다음가는 존재였다. 그런데 검찰 수사가 압박해 오자 중압감에 견딜 수 없어 자살을 하고 만 것이다. 권력과 명예가 하나님 다음으로 중요했기 때문이다.

교회 안의 청춘남녀들이 실연했다고 왜 자살을 하는가? 평소 하나님이 그들에게 최고였기 때문이다. 당연히 사랑하는 사람은 그다음인 둘째, 셋째였다. 평소에는 하나님을 최고에 두고 살지만 아주 짧은 순간 둘째, 셋째 가던 연인, 재물, 명예가 하나님과 버금가거나, 아니면 하나님보다 더 소중한 존재가 되는 때가 있다. 그때 실수하거나 사고를 치게 되는 것이다. 하나님이 그에게 있어 최고가 아닌 유일한 분이셨다면 그 같은 죄를 범할 수 있었겠는가? 때문에 성경은 "너희가 하나님과 재물을 겸하여 섬기지 못하느니라"(마 6:24b)라고 말씀한 것이다.

오늘 우리에게 하나님은 최고인가, 유일한 분인가? 하나님과 버금가거나 하나님 다음가는 우상이 존재하지는 않는가? 그게 재물인가, 명예인가, 권력인가, 가족인가, 내 생명인가, 아니면 알량한 자존심인가?

'하나님을 최고로 모시라'가 아니다. '하나님을 당신의 유일한 왕으로 두라.' 이것이 성경이 제시하는 정답임을 기억하고 살자.

02. 반응이 곧 실력이다

원수를 용서해야 하나?

성경의 인물 가운데 가장 기구한 삶을 산 사람을 꼽으라면 누구를 말할 수 있을까? 요셉이다. 요셉만큼 파란만장한 삶을 산 사람도 드물 것이다.

형들에 의해 상인들에게 팔린 요셉은 다시 애굽의 시위 대장이었던 보디발의 집에 노예로 팔렸으나 그에게 인정을 받아 집안 대소사를 맡는 위치에까지 이른다. 하지만 그것도 잠깐, 요셉은 보디발의 아내에게 모함을 받아 누명을 쓰고 강간 미수범이 되어 감옥에 갇히는 신세가 되고 만다. 우리가 이쯤 됐으면 아마도 벌써 이를 부득부득 갈면서 나를 인생의 막다른 골목으로 몰아넣은 장본인에게 원수를 갚거나 복수할 생각을 했을 것이다. 하지만 요셉은 달랐다. 계속해서 그의 삶을 들여다보자.

요셉이 애굽의 총리가 되었을 때의 일이다. 그의 원수나 마찬가지였던 이복형들이 양식을 구하러 찾아와 그의 앞에 머리를 조아리고 있다. 요셉의 입장에서 볼 때 이것은 어릴 때 꿈꾼 내용이 성취되는 너무도 감개무량한 순간이다. 하늘의 해와 달과 별들이 자신에게 절을 하더라는 꿈(창 37:9)의 성취 말이다. 당시 요셉은 더 이상 형들이 노예로 팔아 버릴 만큼 힘없는 사람이 아니었다. 그는 당대 최고의 권력을 지닌 막강한 존재였다. 그의 한마디면 형들 모두를 단숨에 죽일 수 있을 정도였다. 그런데 뜻밖에도 요셉이 취한 행동은 모든 이들의 예상을 뒤엎어 버린다.

요셉이 형들을 용서했는가, 안 했는가? 모두가 용서했다고 답할 것이다. 하지만 요셉은 형들을 용서한 적이 없다. 사실이다. 이렇게 말하면 의아해하는 이들이 많을 것이다. '정말 요셉이 형들을 용서하지 않았단 말인가?'라고 말이다. 그렇다. 말도 안 된다고 항의할 이들이 많을 것이다. 이제부터 설명해 보겠다.

요셉은 정말 형들을 용서한 적이 없다. 사실 요셉의 사전에는 '용서'라는 단어가 없다. 어째서일까? 요셉의 사전에는 '미움'이라는 단어도 없기 때문이다. 용서는 미움을 전제로 한다. 미워하지도 않았는데 어떻게 용서할 수 있단 말인가?

'용서하다'라는 성경의 용어는 히브리어 '나사'(נשא, nasa)와 헬라어 '아피에미'(ἀφίημι, apiemi)가 대표적이다. 이것은 '지워 버리다', '기억하지 않다', '멀리 보내다' 등의 뜻으로 사용된다. 이런 의미에서도 요셉은 형들을 용서한 것이 아님을 알 수 있다. 요셉은 형들의 죄를 지워버리지 않고 생생하게 기억하고 있었기 때문이다.

창 50장 20절에 보면 그가 형들의 죄를 분명하게 기억하고 있음을 알 수 있다. "당신들은 나를 해하려 하였으나 하나님은 그것을 선으로 바꾸사 오늘과 같이 많은 백성의 생명을 구원하게 하시려 하셨나니." 요셉은 그의 형들이 자기에게 악행한 것을 분명히 알고 있었지만 두려워하지 말라고 한다. 놀랍지 않은가? 이는 그가 단지 '용서의 차원'이 아닌, 보다 깊은

'사랑의 차원'에서 형들을 용납하고 환영했기 때문에 가능했던 반응이다.

요셉이 자기를 노예로 팔아 버린 형들에 대해 미움이라는 악감정을 가지고 있었을까? 성경 어디를 보아도 그런 흔적은 없다. 오히려 요셉은 처음부터 형들을 미워하기는커녕 사랑했음을 본다. 그 근거가 무엇인가? 우선 창세기 45장 5절과 7-8절을 살펴보자.

> "당신들이 나를 이곳에 팔았다고 해서 근심하지 마소서 한탄하지 마소서 하나님이 생명을 구원하시려고 나를 당신들보다 먼저 보내셨나이다 … 하나님이 큰 구원으로 당신들의 생명을 보존하고 당신들의 후손을 세상에 두시려고 나를 당신들보다 먼저 보내셨나니 그런즉 나를 이리로 보낸 이는 당신들이 아니요 하나님이시라."

다음은 창세기 50장 15-18절을 참조하자.

> "요셉의 형제들이 그들의 아버지가 죽었음을 보고 말하되 요셉이 혹시 우리를 미워하여 우리가 그에게 행한 모든 악을 다 갚지나 아니할까 하고 요셉에게 말을 전하여 이르되 당신의 아버지가 돌아가시기 전에 명령하여 이르시기를 너희는 이같이 요셉에게 이르라 네 형들이 네게 악을 행하였을지라도 이제 바라건대 그들의 허물과 죄를 용서하라 하셨나니 당신 아버지의 하나님의 종들인 우리 죄를 이제 용서하소서 하매 요셉이 그들이 그에게 하는 말을 들을 때에 울었더라 그의 형들이 또 친히

와서 요셉의 앞에 엎드려 이르되 우리는 당신의 종들이니이다."

'울었다'는 것은 진정성 있는 자세를 뜻한다.

창세기 50장 19-21절도 살펴보자.

> "요셉이 그들에게 이르되 두려워하지 마소서 내가 하나님을 대신하리이까 당신들은 나를 해하려 하였으나 하나님은 그것을 선으로 바꾸사 오늘과 같이 많은 백성의 생명을 구원하게 하시려 하셨나니 당신들은 두려워하지 마소서 내가 당신들과 당신들의 자녀를 기르리이다 하고 그들을 간곡한 말로 위로하였더라."

'간곡한 말로 위로했다'는 것도 진심 어린 마음을 의미한다.

앞의 구절들에서 보듯이, 요셉은 분명 다른 사람들과는 보는 관점이 선명하게 구별되는 인물이었음을 확인할 수 있다. 그는 세상에 일어나는 모든 일을 하나님의 '섭리의 관점'에서 볼 줄 아는 사람이었다. '하나님의 언약'과 '구속사적 관점'에서 매사를 판단하는 인물이었다는 말이다. 이런 사람이 처음에는 형들을 미워했다가 나중에 정신 차린 후에는 그들을 용서했다고 보는 것이 가능할까? 불가능하다. 요셉은 처음부터 형들을 무조건적인 사랑의 대상으로 보았다.

손양원 목사님의 경우를 보자. 미국 유학을 계획하던 그분의 아들 동인과 동신이 공산당 청년의 총에 맞아 순교를 했다. 손 목사님이 처음에는 그 범인을 미워했다가 나중에 용서했을까? 천만에다. 그분은 처음부터 범인을 미워한 적이 없었다. '용서, 용서, 용서'가 아니라, 무조건 '사랑, 사랑, 사랑'일 뿐이었다.[13]

이런 나의 생각을 입증해 주는 소중한 자료를 주기철 목사님의 말씀 속에서 발견할 수 있었다. 다음은 주기철 목사님이 직접 하신 말씀이다.

> 성경 말씀을 자세히 보세요. 말씀에는 분명히 원수를 사랑하라고 하였습니다. 용서만으로는 안 됩니다.

그렇다. 마태복음 5장 44절은 이렇게 말씀한다.

> "나는 너희에게 이르노니 너희 원수를 사랑하며 너희를 박해하는 자를 위하여 기도하라."

주님도 원수를 용서가 아니라 사랑하라고 하셨다.

러시아에서 '용서의 화신'으로 소문난 목사님의 이야기를 소개한다. 그분은 기도 중에 하나님의 뜻을 따라 가족들과 함께 폭력이 만연한 지역에 정착해서 교회를 세울 계획이었다. 그런데 소문이 퍼지자 지역 폭력배들이 들고 일어나 온 가족을 몰살하겠다고 협박했다. 목사님은 기도하는 것 말고는 뾰족한 대책이 없었다. 하나님은, 주님의 교회를 정착시키려면 값비싼 대가를 치르게 되겠지만 놀라운 열매를 거두게 될 것이라고 말씀하셨다.

온갖 위협에도 불구하고 목사님은 그곳에 교회를 세웠다. 그런데 문을 연 지 불과 몇 주 만에 그분의 아들이 거리에서 살해되는 비극이 발생했다. 그는 슬픔을 간신히 추슬러 가며 하나님께 기도했다. 앞길을 인도해 주시고 교회와 늘 함께하심을 보여 달라고 간구했다.

아들이 세상을 떠난 지 석 달쯤 지났을 무렵, 시내를 지나는데 웬 남자가 길을 가로막았다. 인상이 얼마나 험악하던지, 보기만 해도 소름이 끼칠 정도였다. "댁의 아들을 죽인 사람을 보고 싶지 않소?" 몸집 큰 청년이 물었다. "괜찮소." 목사님이 대답했다. "정말이오? 혹시 그 자가 용서를 청하면 어떻게 할 작정이오?" "어떻게 하고 말고도 없소. 벌써 용서했으니까." 순간, 젊은이가 털썩 무릎을 꿇었다. 그리고는 이렇게 말했다. "제가 아드님을 쐈습니다. 저 같은 놈도 교회에 다닐 수 있을까요?"

몇 주 만에 러시아 폭력단 출신들이 교회를 가득 채웠다. 시내에 폭력이 사라진 것은 두말할 필요도 없었다. 그렇게 그분은 '용서의 화신'으로 소문나게 되었다.[14] 그가 단지 용서만 했을까? 정확하게 말하면 용서라기보다는 사랑의 차원에서 아들을 죽인 범인을 자기 교회의 일원으로 용납했을 것이다.

> "그러나 너희 듣는 자에게 내가 이르노니 너희 원수를 사랑하며 너희를 미워하는 자를 선대하며 너희를 저주하는 자를 위하여 축복하며 너희를 모욕하는 자를 위하여 기도하라"(눅 6:27-28).

예수님은 원수를 '용서하라'가 아니라 '사랑하라'고 하셨다. 원수를 용서하는 것은 '소극적인 반응'이고, 원수를 사랑하는 것은 '적극적인 반응'이다. '자비'와 '은혜'의 차이처럼 말이다. 당연히 소극적 반응보다 적극적 반응이 우리에게 절실히 요구된다.

방정열 교수가 쓴 《용서, 그 불편함에 관하여》(세움북스)라는 책에 이런 내용이 나온다.

> 요셉은 겁에 질린 형들을 안심시킨다. 놀라운 지점은 요셉이 22년 전 자신을 노예로 팔았던 사건을 단지 '용서' 차원이 아니라 '하나님의 섭리' 차원에서 해석하고 있다는 점이다(창 50:19-20 참조) … 피해자인 요셉은 형들이 가했던 살인미수와 인신매매를 단지 용서할 것이냐 말 것이냐의 문제로 접근하지 않고, 그보다 훨씬 더 고차원적으로 해석하고 있다. 즉, 야곱과 열두 아들들이 요셉을 통해 기근이라는 위기에서 구원받을 뿐만 아니라 하나님의 언약 백성인 이스라엘을 구성하게 될 것이라는 차원에서 해석하고 있는 것이다.[15]

오늘 우리의 원수는 누구인가? 우리를 힘들게 하거나 누명을 뒤집어 씌우거나 해를 입히는 모든 이들이 원수가 될 수 있다. 그러나 우리가 하나님의 자녀라면, 이 같은 이들을 사랑하고 용납해야 한다. 하나님의 언약적 관점과 구속사적이고 섭리적인 관점에서 모든 것을 판단하고서 말이다.

03. 상식은 식상의 양면일 뿐이다

다윗이 용감한 걸까, 골리앗이 용감한 걸까?

《정상에서 만납시다》라는 책으로 유명한 지그 지글러(Zig Zigler)가 가정 예배를 드릴 때의 일이다. 지글러가 어린 아들과 가족들에게 설교를 하고 있었다.

"6척 장군 골리앗이 있었단다. 그가 이스라엘로 쳐들어와 전쟁을 하자고 외쳤단다. 그런데 이스라엘 백성은 너무 무서워 나무 뒤에, 숲속에, 그리고 굴속에 숨었단다. 이스라엘이 이렇게 바람 앞에 등불처럼 꺼져 가고 있을 때, 열일곱 살밖에 안 되었고 솜털밖에 안 나서 면도칼도 필요 없는 소년 다윗이 용감하게 싸우러 나갔단다."

그런데 이때 갑자기 그의 아들이 아빠의 설교를 중단시키면서 말했다.

"아빠! 다윗이 용감한 것이 아니라 골리앗이 용감하네요."

지글러는 이상해서 물었다.

"얘야! 다윗이 용감하지 어째서 골리앗이 용감하니?"

아들이 말했다.

"아빠! 소년 다윗은 아무리 조그마해도 하나님이 함께하시니까 나가서 싸우는 것이 당연하지만, 골리앗은 아무리 커도 하나님이 함께하시지 않는데 자기만 믿고 싸우는 것이니 얼마나 용감합니까?"

지글러는 무릎을 치면서 이렇게 말했다.

"아! 그렇구나. 세상에는 골리앗과 같이 하나님을 믿지 않고 자기만 의지하고 사는 사람과, 다윗과 같이 아무리 약하고 어려도 하나님을 의지하면서 사는 사람이 있구나! 그중에 진짜 용감한 사람은 하나님 없이 홀로 사는 사람이구나!"[16]

이 글을 읽는 순간 충격을 받았다. 이런 관점으로는 한 번도 생각해 보지 않았기 때문이다. 어린아이의 신선한 관점이 굳은 내 관점을 깨는 도끼로 작용했다. 기존의 상식적 판단으로 본다면 소년 다윗을 용감하게 생각하지 골리앗을 용감하다고 보는 이는 없을 것이다. 나 역시 그런 상식적 사고를 하고 있었다. 그랬기에 지글러 아들의 발상이 너무도 새롭고 신기했던 것이다.

그런데 가만히 생각해 보면, 아이의 생각이 지극히 성경적임을 깨닫는다. 골리앗이 누구던가? 백전백승하던 사울 왕도 벌벌 떨게 만든 불세출의 영웅이 아니던가? 그런 골리앗과 맞서 싸울 생각을 했다면 용감한 자가 틀림없었을 것이다. 그것도 청년이 아닌 소년의 몸이라면 말이다. 하지만 당시 상황과 성경의 내용을 참조해 보면 다윗에게는 그럴 만한 이유가 있었음을 알 수 있다.

사무엘상 17장 33절을 보라. 다윗이 골리앗과 싸울 의사를 내비쳤을 때 사울 왕은 불가하다고 말렸다. 이유는, 골리앗은 천하무적 용사고 다윗은 젖비린내 나는 소년이기 때문이라고 했다. 사울 왕의 발언에 대한 다윗의 대답에서 우리는 다윗이 골리앗을 대적하려 한 이유를 발견할 수 있다.

> "다윗이 사울에게 말하되 주의 종이 아버지의 양을 지킬 때에 사자나 곰이 와서 양 떼에서 새끼를 물어 가면 내가 따라가서 그것을 치고 그 입에서 새끼를 건져 내었고 그것이 일어나 나를 해하고자 하면 내가 그 수염을 잡고 그것을 쳐 죽였나이다 주의 종이 사자와 곰도 쳤은즉 살아 계시는 하나님의 군대를 모욕한 이 할례 받지 않은 블레셋 사람이리이까 그가 그 짐승의 하나와 같이 되리이다 또 다윗이 이르되 여호와께서 나를 사자의 발톱과 곰의 발톱에서 건져 내셨은즉 나를 이 블레셋 사람의 손에서도 건져 내시리이다"(삼상 17:34-37).

사자나 곰과 맨손으로 싸워서 이길 인간은 없다. 아무리 UFC 세계 챔피언이라 해도 날카로운 이빨과 발톱을 가진 맹수와 싸워 이길 수는 없는 법이다. 그런데 소년 다윗은 양의 새끼들을 움켜가려 한 사자와 곰을 쳐 죽인 경험이 있다. 자기 힘으로 한 것일까? 아니다. 그는 "여호와께서 나를 사자의 발톱과 곰의 발톱에서 건져 내셨은즉"이라고 말한다.

그렇다. 하나님이 함께하셨기에 가능했던 일이다. 여호와의 백성임을 인지할 능력이 없는 사자와 곰도 하나님이 죽이게 하셨다면, 살아 계시는 하나님의 군대를 모욕한 할례 받지 않은 블레셋 사람 골리앗은 하나님이 얼마나 더 확실하게 이기게 하실 것인가를 다윗이 본 것이다. 하나님이 함께하셨던 경험을 가진 다윗이 골리앗과 싸우러 나간 것은 지극히 당연한 이치였다는 말이다.

물론 이유가 그것으로만 그치지는 않는다. 이스라엘이 가나안을 정복했지만 하나님의 명령대로 완전히 진멸시키지는 못해서 가사와 가드와 아스돗에 가나안 족속들이 약간 남아 있음을 여호수아 11장 22절은 언급하고 있다. 골리앗이 바로 이 가드 사람이 아니던가! 미처 처분하지 못하고 남은 자를 하나님과 그분의 약속에 신실한 다윗이 가만히 둘 리가 없었을 것을 짐작해야 한다.

하나님이 명령하신 일이기도 하고 하나님이 자기와 함께 하실 것도 알기에 다윗이 골리앗을 대적한 것은 지극히 당연한 일이었음이 분명히 확인된다. 지글러 아들의 말대로 진짜 용감한 이는 골리앗이다. 아무리 힘이 세고 싸움에 능하면 뭐 하겠는가. 천지의 주인이신 하나님이 함께하시지 않는데 무슨 소망이 있단 말인가. 참 신이신 여호와 하나님의 도움 없이 하나님이 기름 부어 주신 위대한 왕 다윗을 가소롭게 생각하고 한 칼에 죽이려 한 골리앗이 진짜 용감한 사람이라는 사실을 새삼 깨우친다. 모든 이들의 예상과 상식을 뒤엎는 새로운 발상임과 동시에 아주 성경적인 사고가 틀림없음을 인정하지 않을 수 없다.

STEP 3

관찰력을 가지라

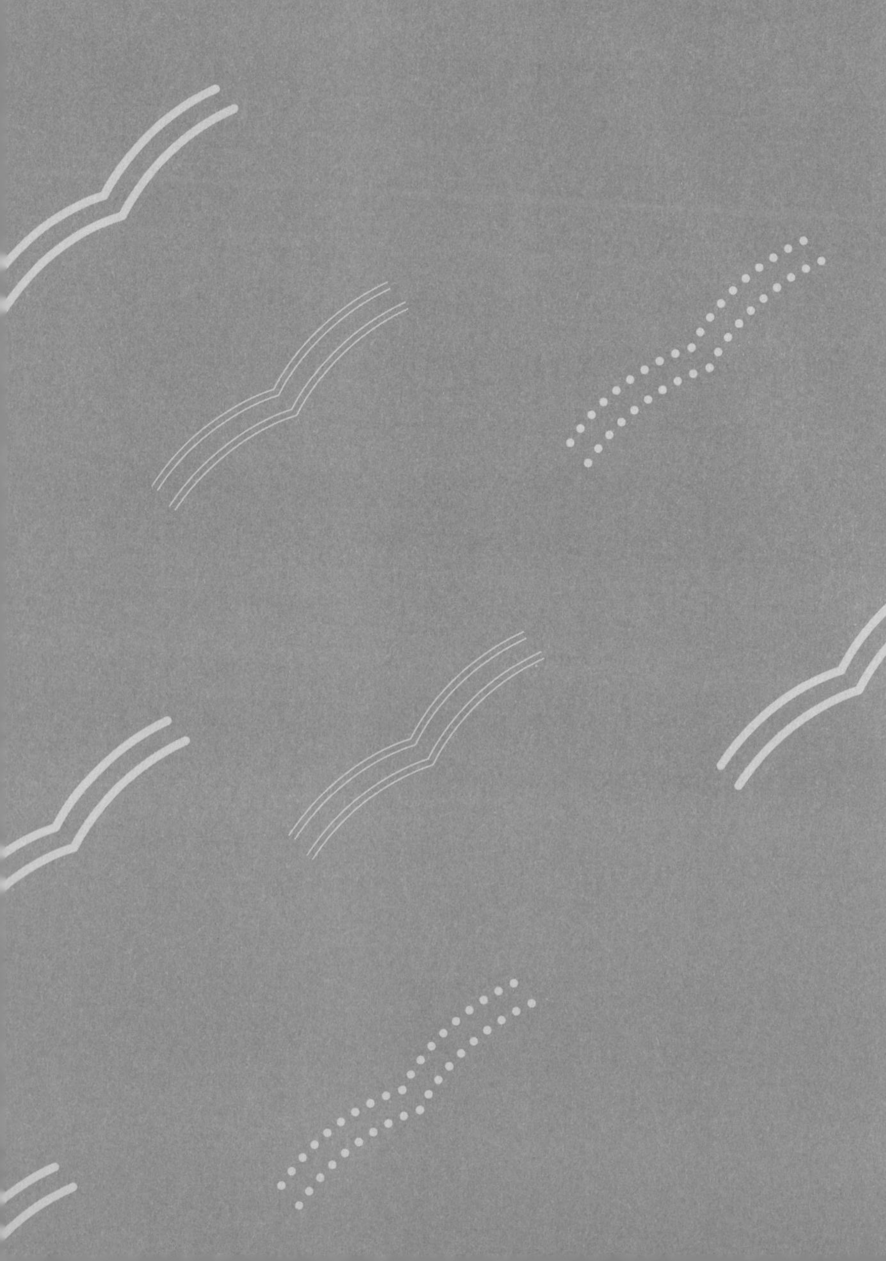

운전을 하거나 길을 가다 보면 하루에 두세 번씩은 꼭 보게 되는 가게의 로고가 있다. '세븐일레븐'이다. 이 세븐일레븐의 로고를 의심쩍은 눈으로 보면서 지나가는 이가 있을까? 나 역시도 과거에는 아무 생각 없이 스쳐 지나가곤 했다. 하지만 그 로고 속에는 무엇인가 어색한 부조화가 하나 있다. 한번 알아맞혀 보라.

오래전 일본에 사는 한 사람이 처음으로 세븐일레븐의 로고 속에 있는 부조화를 눈치챘다. '일레븐'이라는 영어 단어 속에 한 글자가 다른 글자와 매치되지를 않았다. 앞에 나오는 글자들(ELEVE)은 모두 대문자인데 마지막 단어만 소문자인 'n'으로 되어 있었다. 대단한 관찰력이다. 그는 한 지점에 들어가서 왜 그렇게 쓰여 있는지를 물었다. 그러자 주인은 깜짝 놀라면서 자신도 처음 알았다고 대답했다. 이에 그 주인은 미국 본사에 이유를 묻는 편지를 띄웠다. 미국 본사에서도 그 편지를 받아 들고는 놀랐다고 한다. 그들 역시 처음 알게 됐으니 말이다. 약 한 달 후 일본 지점이 미국 본사로부터 받은 답장의 내용은 이것이었다. "우리도 처음 알게 됐음. 그래서 처음 만든 사람을 찾아봤으나 근황을 알 수 없음."

영어를 모국어로 사용하는 수많은 사람들이 매일 세븐일레븐의 로고를 보고 지나가지만 이런 의문을 가진 사람이 지구상에 한 명밖에 없었다는 것은 무엇을 의미하는가? 그만큼 사람들의 관찰력이 부족하다는 뜻이다. 별생각 없이 또는 아무런 생각 없이 살아갈 때가 많다는 말이다. 우리가 하나님의 말씀인 성경을 대할 때도 마찬가지다. 성경을 덮어놓고 믿는 이들이 의외로 많다. 성경은 덮어놓고 믿어서는 안 되고 펴 놓고 믿어야 한다. 우리는 성경을 펴 놓고 읽되 아무 생각 없이 읽는 것이 아니라, 꼼꼼하게 점검하고 분석하고 따지면서 읽어야 한다.

글쓰기의 대가인 유시민은 관찰력을 풍부하게 하기 위한 비결을 다음의 체험을 통해서 소개하고 있다.

> 처음에는 재미로 토지를 읽었다. 그런데 읽고 보니 재미만 있는 게 아니라 마음도 울리는 소설이었다. 인상 깊었던 대목을 다시 보고 싶어서 한 번 더 읽었다. 그런데 처음 읽었을 때 무심히 지나쳤던 것들이 새삼스럽게 다가왔다.[17]

성경을 읽을 때도 같은 원리가 작용한다. 본문을 한두 번 읽고 지나치지 말고 적어도 세 번 이상은 주의력을 가지고 읽어야 초독 때 발견하지 못한 보물을 발견할 수 있다. 성경을 대충 읽고 넘어가지 말고 모든 단어와 문장의 의미를 이해할 때까지 꼼꼼히 곱씹어 읽어야 한다. 이처럼 성경을 읽을 때 성경을 대하는 자세가 얼마나 중요한지 모른다.

성경을 읽을 때 본문에 대해 의문을 제기하거나 따지고 드는 것을 불

경한 자세로 이해하는 이들이 많다. 결코 아니다. '의문'과 '의심'은 완전히 다른 의미다. 영어로 '의문'은 'question'이고 '의심'은 'doubt'이다. 성경은 의심의 대상이 결코 아니다. 일점일획도 틀림이 없는 하나님의 말씀이기 때문이다.

성경을 한 번 읽고 그 속의 내용을 다 이해하는 사람은 드물다. 그래서 본문을 읽으면서 언제나 질문을 제기하라는 것이다. 성경에는 문제가 없으나 성경을 대하는 우리의 이해력에는 문제가 있기 때문이다.

나는 어릴 때부터 성경에 많은 의문을 제기해 왔다. 그 결과 지금은 성경을 가르치는 교수로 사역하고 있다. 나의 경험에 의하면 천국만 침노하는 자의 것이 아니라, 성경도 침노하는 자의 것이었다. 따라서 계속해서 성경을 침노해야 한다. 그러다 보면 하나님이 열어 주시는 순간이 온다. 그때 깨달음의 기쁨은 세상 어떤 기쁨과도 견줄 수 없다. 이 기쁨과 희열에 모두 동참해야 하지 않겠는가?

01. 성경의 진미는 반복이다

구원받는 믿음

누가복음 17장 11-19절에는 열 명의 한센병 환자에 관한 이야기가 나온다. 그들은 예수님을 만나 그분이 시키신 대로 제사장에게 몸을 보이러 가다가 병 고침 받음을 서로가 발견하게 된다. 그때 아홉 명은 제사장에게로 가고 한 명은 뒤로 돌아서 오던 길로 다시 간다. 이유가 무엇인가? 예수님에게 감사를 표하기 위함이 아니겠는가? 그런데 얼마 전 그에 대한 생각에 문제가 있음을 처음으로 깨닫게 되었다. 본문에서 평소에 보지 못하던 내용을 하나 발견했기 때문이다. 우선 15-16절을 보자.

> "그중의 한 사람이 자기가 나은 것을 보고 큰 소리로 하나님께 영광을 돌리며 돌아와 예수의 발아래에 엎드리어 감사하니 그는 사마리아 사람이라."

그런데 18절에 이런 내용이 나온다.

> "이 이방인 외에는 하나님께 영광을 돌리러 돌아온 자가 없느냐."

이 본문은 적어도 100번 이상은 읽은 내용인데, 18절에 이런 내용이 나온다는 사실을 처음으로 깨닫게 되었다. 우리 생각에는 이런 내용이 기록되었어야 하지 않은가? "이 이방인 외에는 내게 '감사를 표하러' 돌아온 자가 없느냐." 그런데 '예수님께 감사'가 아니라 '하나님께 영광 돌림'의 내용이 15절에 나오는 기자의 설명에 이어 주님으로부터도 반복해서 나왔다.

본문을 기록한 누가의 설명과 예수님의 말씀이 중복되어 언급되고 있음에 주목해 보라. 무슨 이야기를 할 의도였다고 생각하는가? 열 명의 환자들이 만난 분은 예수님이다. 그런데 그분이 시키시는 대로 순종했더니 자기들의 병이 나아 버렸다. 누가 행하신 일인가? 예수님이 행하신 일이 아닌가? 그런데 한 환자는 감사를 표시하기 위해 예수님께로 돌아오던 중 먼저 하나님께 영광을 돌린다. 그리고 주님은 이방인 환자 한 사람이 돌아온 목적을 하나님께 영광 돌리기 위함이었다고 밝히셨다. '반복'은 '강조'의 의미를 갖고 있다.

도대체 무슨 의미일까? 예수님 때문에 병 고침을 받은 것이 틀림없지만 하나님께 먼저 영광을 돌리며 돌아왔다는 사실은 그가 예수님과 하나님을 떼려야 뗄 수 없는 관계로 믿었다는 이야기가 된다. 그렇다. 이방인 환자 한 사람이 예수님께 감사드릴 목적으로 그분에게 돌아간 것도 사실이지만, 더 중요한 의도는 예수님이 하나님이 보내신 메시아임을 믿고 그분에게도 영광 돌릴 목적으로 돌아갔다는 것이다. 이것이 본문에서 더 중요한 사실임을 놓쳐서는 안 된다.

이 본문을 읽는 대다수의 사람들은 '하나님께 영광 돌림'보다는 '예수님께 감사 표함'에 주목한다. 하지만 본문이 두 번에 걸쳐서 소개했다는 것은 그만큼 중요한 의미가 있음을 시사한다. 그래서 예수님은 19절에서 "네 믿음이 너를 구원하였느니라"라고 말씀하신 것이다. 예수님을 '기적을 베푸시는 분'(Miracle maker)으로 믿고 제사장에게로 돌아간 나머지 아홉 명과는 차별화되는, 예수님을 '구세주'(Savior)로 믿는 '구원 받는 믿음'(Saving faith)을 이 이방인 환자가 가지고 있었음을 우리에게 보여 주려 하신 것이다. 그가 예수님을 '하나님이 보내신 메시아와 구세주'로 보았기 때문이다.

성경을 꼼꼼히 관찰하면서 왜 두 번에 걸쳐서 '하나님께 영광 돌림'이 언급되고 있는가에 대한 의문을 제기해야 사람들 대부분이 놓치는 성경의 진미를 온전히 맛볼 수 있는 본문이다. 세심한 관찰력을 발휘해서 그 깊은 기쁨과 희열에 모두 동참하기를 바란다.

02. 의문이 의심을 사라지게 한다

'짝퉁'이냐, '원조'냐?

어느 날 갈라디아서 4장 19절의 말씀을 읽어 내려가던 중 의문이 하나 생겼다. 내용은 다음과 같다.

> "나의 자녀들아 너희 속에 그리스도의 형상을 이루기까지 다시 너희를 위하여 해산하는 수고를 하노니."

바울이 갈라디아 교인들에게 쓴 편지다. 그런데 그들 속에 그리스도의 형상을 이루기까지 바울이 다시 해산하는 수고를 한다고 말한다. 그렇다면 '그리스도의 형상을 이루는 주체는 누구인가?'라는 질문이 생긴다. 바울이 다른 신자들의 마음에 그리스도의 형상을 대신 이뤄 줄 수는 없는 법이다. 궁금한 마음에 개역한글 성경을 찾아보니 거기에는 이렇게 번역되어 있었다.

> "나의 자녀들아 너희 속에 그리스도의 형상이 이루기까지 다시 너희를 위하여 해산하는 수고를 하노니."

여기에서는 '그리스도의 형상을'이라는 목적어가 아니라 '그리스도의 형상이'라는 주어로 되어 있다. 그런데 주어가 맞는다고 가정해도 여전히 문제가 보인다. '그리스도의 형상이 이루기까지'라고 되어 있기 때문이다. 그리스도의 형상이 무엇을 이룬다는 말인가? 목적어가 나오지 않는 이 번역 또한 온전하지 못하다고 생각됐다. 그래서 표준새번역을 찾아보았다. 거기에는 이렇게 번역되어 있었다.

> "나의 자녀 여러분, 나는 여러분 속에 그리스도의 형상이 이루어지기까지 다시 해산의 고통을 겪습니다."

'그리스도의 형상이 이루어지기까지'라는 표현이 가장 적합한 내용 같아 보인다. 하지만 여기서도 문제가 발견된다. 그리스도의 형상이 '누구에 의해서' 이루어진다는 말인지를 알 수 없다.

이 세 가지 번역에 만족할 수 없어서 영어 성경들을 훑어보고 헬라어 원문을 확인하던 나는 큰 충격에 휩싸였다. 영어 성경들은 모두 원문에 맞게 번역했음을 확인했기 때문이다. 한 예로 NASB 역을 하나 소개해 본다.

> "My children, with whom I am again in labor until Christ is formed (μορφωθῇ, 가정법 동사 과거 수동태) in you."

우리말로 된 성경 번역을 보면 안타깝기 짝이 없다. 번역자가 원어는 둘째 치고 영어 성경 한번 참조하지 않고 번역을 했다는 사실에 분노가 절로 터져 나온다. 우리말로 번역된 성경은 이 구절의 주어를 모두 '그리스도의 형상을' 또는 '그리스도의 형상이'로 번역했다.

한번 물어보자. 그리스도가 우리 속에 형성되기를 원하는지, 아니면 그리스도의 형상 정도가 우리 속에 형성되기를 원하는지 말이다. 말할 필요가 없지 않은가? '짝퉁'(copy)과 '원조'(original) 중 짝퉁을 고를 사람이 누가 있겠는가? 우리는 '하나님의 형상'으로 창조된 피조물이다. '창조주 하나님'과 '하나님의 형상으로 창조된 피조물'인 우리를 동급으로 놓을 수 있겠는가? '하나님'과 '하나님의 형상'에는 천양지차가 있다.

누가 번역했기에, 바울이 갈라디아 교인들의 마음속에 예수 그리스도 자체가 아닌 그분의 형상 정도가 이뤄지기를 바랐다는 식으로 잘못 번역할 수 있단 말인가? 설상가상으로 개역개정 성경은 주어인 '예수 그리스도가'를 '예수 그리스도의 형상을'이라는 목적어로 수정해서 번역하기까지 했으니 너무도 속상한 마음이 든다. 원어에 맞는 정확한 번역이 얼마나 중요한가를 새삼 절감하는 순간이다.

03. 문해력으로 말씀의 시야를 넓히라

신자들 마음속에 그리스도께서 계시게 해 달라는 기도는 타당한가?

관찰력의 중요성에 대한 또 다른 성경의 실례를 살펴보자. 에베소서 3장 17절에 나오는 내용이다.

> "믿음으로 말미암아 그리스도께서 너희 마음에 계시게 하시옵고 너희가 사랑 가운데서 뿌리가 박히고 터가 굳어져서."

고등학교 시절로 기억한다. 이 구절을 읽는데 도무지 이해가 가질 않았다. 궁금한 마음에 담당 목사님께 물었으나 돌아온 대답은 "어, 그러네!"였다. 목사님은 내가 가진 의문조차 제기해 본 적이 없으셨던 것이다.

자, 이 구절 속에는 무언가 어색한 내용이 하나 있다. 알아맞혀 보라. 어떤 부분일까? 지금껏 강의를 하면서 계속 질문을 던져 봤으나 문제 있는 부분을 제대로 지적한 사람은 단 한 명뿐이었다. 많은 신학생과 목회자 중 맞히는 이들이 거의 없었다는 말이다. 이는 그만큼 관찰력과 예리함이 부족하다는 것이다.

에베소서 3장 17절은 에베소 교인들을 향한 바울의 간절한 기도의 내용 중 일부다. 이 내용을 읽으면서도 의문 하나 가지지 않고 지나쳐 버리는 이들이 얼마나 많은지 모른다. 성경 한 구절, 한 구절의 의미를 구체적으로 짚어 보고 되새김질하면서 이런 의문과 질문을 제기하는 것이야말로 성경을 대하는 제대로 된 자세임을 놓쳐서는 안 된다.

그렇다면 어느 내용에 문제가 있다는 말인가? 이 본문의 수신자는 에베소 교인들이다. 중생한 그리스도인이라면 그 속에 예수님이 계셔야 정상이다. 그런데 어떻게 중생한 에베소 교인들의 마음에 그리스도가 계시면 좋겠다고 기도할 수 있단 말인가?

에베소서 3장 17절에 나오는 바울의 기도 내용은 그리스도를 아직 영접하지 않은 불신자들에게 적합한 기도문이다. 이 내용을 읽고서도 이런 의문이 제기되지 않는다면 스스로를 반성해야 한다. 아무 생각 없이 성경을 건성으로 읽어 나가는 자신의 모습을 먼저 인식해야 한다. 바울의 기도 내용이 틀렸을 리는 없을 테니 도대체 어떤 의미와 의도로 저렇게 기도했을지 궁금해하며 의문을 제기해야 한다. 이제 해결해 보자.

'계시다'라는 헬라어에는 두 개의 동사가 있다. '파로이케오'(παροικεω)와 '카토이케오'(κατοικεω)다. '파로이케오'는 '나그네로 일시적으로 거하다'라는 뜻인 반면, '카토이케오'는 '주인으로 영구히 거하다'라는 뜻이다.

바울의 기도에 사용된 동사는 '파로이케오'가 아니라 '카토이케오'다. 바울이 중생한 에베소 교인들을 향해 기도한 내용은 예수 그리스도를 그들의 마음속에 모시라는 얘기가 아니라, 이미 들어와 계시는 그리스도를 주인으로 모시라는 뜻이다. 우리 속에 그리스도가 계시기는 하지만 그분이 아니라 우리가 주인으로 살아갈 때가 얼마나 많은가? 바울의 기도는 그분이 주도권을 가지고 우리 삶을 조종하시기를 원한다는 내용이었던 것이다.

원어 성경의 실력을 갖추어야 파악될 수 있는 내용이긴 하지만, 먼저 세심한 관찰력을 가지고 의문을 제기하지 못한다면 이런 차별화된 진미를 맛볼 수 없을 것이다. 성경을 대할 때 본문을 주의력을 갖고 꼼꼼하게 관찰하는 것이 중요함을 놓치지 말라.

야곱이 라헬을 위해 다시 7년을 일하고 난 후 결혼했나?

창세기에서 아브라함과 이삭 다음으로 등장하는 인물이 야곱이다. 태어날 때부터 형보다 먼저 나오려고 경쟁했던 야곱은 자신의 이름 자체에 그의 인생 전부가 포함되어 있는 특이한 인물이다.

큰아들 에서보다 둘째인 야곱을 편애했던 모친의 계략으로 야곱은 형과 아버지를 속이고 변장한 채 장자에게 베풀려 한 아버지 이삭의 축복 기도를 가로채고 만다. 뒤늦게 이를 알게 된 에서는 아버지가 돌아가시면 반드시 동생을 죽여 원수를 갚으리라 결심하고, 이를 우연히 눈치챈 모친 리브가는 야곱을 먼 고향 땅, 오라비 라반이 살고 있는 밧단아람으로 피신 보낸다. 조카가 왔다는 소식에 라반은 야곱을 대대적으로 환영하고, 그렇게 야곱은 외삼촌 집에서 한 달을 지내게 된다.

라반의 집에 살면서 가만히 앉아서 주는 밥만 얻어먹을 수는 없었기에 야곱은 그곳에서 일을 해야 했다. 그렇게 얼마간의 시간이 지난 어느 날, 라반이 야곱을 불러 대화를 시작한다. 아무리 조카라 하지만 월급도 없이 일을 시킬 수는 없으니 얼마의 월급을 원하는지 말하라고 한다. 당시 외삼촌에게는 딸이 둘 있었는데, 큰딸은 레아요, 작은딸은 라헬이었다.

야곱은 그의 둘째 딸 라헬을 사랑하므로 아내로 주시면 7년간 섬기겠다고 한다. 월급도 받지 않고 라헬을 얻기 위해 일하겠다고 한다. 이것이야말로 진짜 사랑이요, 성경에서 처음 보는 순애보다. 야곱은 그렇게 7년간 라헬을 위해 외삼촌의 일을 돕는다. 라헬을 아내로 얻는다는 일념으로 7년을 하루같이 열심히 일한다.

드디어 7년의 섬김이 끝나고 꿈에도 그리던 혼인 예식을 하는 날이다. 그런데 예식 후 합방을 하고 아침에 일어나 보니 자신이 결혼한 여인은 라헬이 아닌 그의 언니 레아였다. 외삼촌에게 속임 당했음을 안 야곱이 항의를 하자 라반은 그 지역의 관습상 동생을 언니보다 먼저 시집보낼 수는 없어서 그랬다고 변명을 한다. 그러면서 만일 라헬도 원한다면 그녀를 위해서도 다시 7년간 일할 것을 제안한다. 라헬을 정말 사랑했던 야곱은 그렇게 하기로 한다. 사랑하는 라헬을 얻으려면 그 수밖에는 방법이 없었기 때문이다.

그 후에 어떤 과정이 진행되었는지 당신은 얼마나 구체적으로 알고 있는가? 이 대목에서 대부분의 사람들이 상식처럼 잘못 알고 있는 것이 하나 있다. 그것은 야곱이 레아와 결혼한 후 7년간 또다시 뼈 빠지게 땀 흘리고 수고해서 라헬을 얻었다는 내용이다. 하지만 이것은 완전히 잘못된 지식이다. 이 글을 읽고 놀랄 이들이 많을 것으로 예상된다. 나 역시 그랬던 때가 있었으니 말이다. 그렇다면 성경이 말하는 사실은 무엇일까? 먼저 창세기 29장 25-27절의 내용이다.

"야곱이 아침에 보니 레아라 라반에게 이르되 외삼촌이 어찌하여 내게 이같이 행하셨나이까 내가 라헬을 위하여 외삼촌을 섬기지 아니하였나이까 외삼촌이 나를 속이심은 어찌됨이니이까 라반이 이르되 언니보다 아우를 먼저 주는 것은 우리 지방에서 하지 아니하는 바이라 이를 위하여 칠 일을 채우라 우리가 그도 네게 주리니 네가 또 나를 칠 년 동안 섬길지니라."

이제 다음 구절을 꼼꼼하게 읽어 보자.

"야곱이 그대로 하여 그 칠 일을 채우매 라반이 딸 라헬도 그에게 아내로 주고 라반이 또 그의 여종 빌하를 그의 딸 라헬에게 주어 시녀가 되게 하매 야곱이 또한 라헬에게로 들어갔고 그가 레아보다 라헬을 더 사랑하여 다시 칠 년 동안 라반을 섬겼더라"(창 29:28-30).

이제는 본문에 기록된 대로 정리해 보자. 야곱이 레아와 결혼식을 올리고 합방한 후 7일간은 레아를 위해 잔치에 참석해야 했다. 예식 후에는 7일간 혼인 잔치가 열리기 때문이다. 그런 후 야곱은 다시 꿈에도 그리던 라헬과 결혼식을 올리고 또 7일간 잔치를 가진 후 그녀 때문에 새로 외삼촌을 위해 7년을 일했다. 이것이 성경이 말하고 있는 내용이다.

나를 포함해서 대부분의 사람들이 잘못 알고 있는 바는, 야곱이 라반에 의해 속임수 결혼을 당한 후 7년을 다시 섬기고 나서야 라헬과 결혼했다는 내용이다. 이유가 뭘까? 우선은 어릴 때부터 들어 왔던 잘못된 지식과 정보 때문이고, 다음은 성경을 세심하게 읽지 못해서이다. 고정관념이 성경을 건성으로 읽게 하는 주범이라는 사실을 깨닫게 된다.

본문에 나타난 내용을 살펴보면 하나님의 역사와 깨우침이 참 오묘하다는 생각이 든다. 아니, 두렵기까지 하다. 야곱이 라반에게 항의하며 사용하는 히브리어 동사 '속이다'(רמה, 창 29:25)는 아버지 이삭이, 야곱이 자기와 에서에게 한 일을 설명할 때 사용한 히브리어 명사 '속임'(간교[מִרְמָה], 창 27:35)과 야곱이 아들들에게 당한 '속임'(מִרְמָה, 창 37:31-32)을 이야기할 때 사용한 히브리어 명사와 동일한 단어라는 점에 주목하라. '심은 대로 거두는 원리'가 여기에 나타나고 있다.

이 사건은 야곱이 축복을 가로챈 사건과 묘하게 연결되어 있다. 창세기 27장에서 야곱은 아버지 이삭에게 '동생'인 자기를 '형'이라고 속였다. 그런데 29장에서는 외삼촌 라반이 아버지와 형을 속인 야곱에게 '형'(언니 레아)을 '동생'(라헬)이라고 속이고 있다. 야곱의 입장에서 볼 때 정반대로 속임을 당하는 일이 벌어진 것이다. 그뿐이 아니다. 라반이 말한 '큰아이를 두고 동생을 먼저 주지 않는다'(창 29:26)라는 내용은 야곱이 형의 축복을 가로챈 사건과 밀접한 연관성이 있다. 레아와 라헬의 '언니-동생' 관계는 에서와 야곱의 질투와 시기로 얼룩진 '형-동생' 관계를 연상하게 하는 것이다.

이런 양식으로 본문을 기록한 기자의 의도는 무엇일까? 야곱이 이삭을 속여 형의 축복을 가로챈 것을 하나님이 결코 기뻐하지 않으셨음을 눈치채라는 것이다. 성경을 세심하고 깊이 있게 전후문맥의 흐름에 따라 통전적으로 잘 살펴보면 성경이 이처럼 달고 오묘하고 기가 막힌 소중한 말씀임을 알게 된다.

야곱이 겪은 일련의 사건들이 우리에게 주는 교훈은 무엇일까? '종두득두'(種豆得豆)라는 말이 있다. "콩 심은 데 콩 나고 팥 심은 데 팥 난다"는 말이다. 매일 매사에 악이 아닌 선을 심어 선한 열매만을 거두는 우리가 되면 좋겠다.

05. 관점의 틀을 자주 점검하라

무엇이든지 구하면 주시는가?

'삼대지'(three-point) 설교는 여러 가지 장점에도 불구하고 많은 이들로부터 거센 비판을 받아 왔다. 왜 그랬을까? 몇 가지 이유가 있다. 그중 첫째는 본문에 충실하지 못한 설교가 될 가능성이 다분하기 때문이다. 주일날 설교자가 정하는 본문마다 세 가지의 대지가 항상 들어 있지 않다는 점에 대해서는 모두가 인정할 것이다. 솔직히 말해서, 딱 세 가지 대지로만 구성되어 있는 본문은 거의 발견하기가 힘들다. 그런 점에서 마태복음 7장 7절은 삼대지 설교를 하기에 가장 좋은 구절로 설교자들로부터 많은 사랑을 받아 왔다.

> "구하라 그리하면 너희에게 주실 것이요 찾으라 그리하면 찾아낼 것이요 문을 두드리라 그리하면 너희에게 열릴 것이니."

우리 모두가 잘 아는 말씀이다. 여기에는 딱 세 개의 명령형이 나온다. '구하라!' '찾으라!' '문을 두드리라!' 삼대지 설교하기에 이보다 더 적절한 본문을 어디에서 찾을 수 있겠는가! 설교자들이 고르는 본문마다 이 같은 세 개의 동사만 나온다면 얼마나 좋겠는가!

그렇다면 이제 마태복음 7장 7절을 본문으로 만든 설교 개요의 실례를 살펴보자. 이 본문으로 설교하는 이들은 하나같이 다음과 같은 형태의 개요로 설교를 하곤 한다.

〈세 가지의 기도 방식〉

1) 구하라!

2) 찾으라!

3) 문을 두드리라!

하지만 이 본문이 위의 개요처럼 '세 가지 기도 방식'에 대해서 이야기하고 있는 것이 맞을까? 사실 이 내용 역시 삼대지 설교를 위해 주어진 말씀이 아니라는 점에 유의해야 한다. 왜냐하면 이 구절은 '평행법'(Parallelism, 병렬법)의 형태를 띠고 있기 때문이다.

기차의 두 레일이 항상 같은 간격으로 유지되지 않는다면 기차의 안전은 심히 위협을 받을 것이다. 또한 스키 선수는 양발의 균형을 잘 잡아야만 넘어지지 않고 제대로 앞으로 나아갈 수 있다. 이와 마찬가지로 글이나 말을 통해 자신의 생각을 표현할 때는 문장 구조가 균형을 맞추어야만 논리적이고 상대가 제대로 이해할 할 수 있게 된다.

'평행법'이란, '의미가 비슷하거나 상반된 어구(語句)가 동사나 명사나

접속사나 전치사로 연결되어 짝을 맞춘 글귀'를 말한다. 이는 서술을 장중하게 할 뿐 아니라 음악적 묘미도 더해 준다.

마태복음 7장 7절에 나오는 '구하라', '찾으라', '문을 두드리라'라는 세 개의 명령형 동사는 '세 가지 기도 방식'을 말하는 것이 아니라, 똑같은 의미를 가진 세 가지 동의어(Synonym)이다.[18] '구하라'와 '찾으라'와 '문을 두드리라'는 의미상에 있어서 전혀 차이가 없다. 단지 문학적인 형태상 하나만 언급하면 무언가 허전하기 때문에 같은 의미를 가진 다른 두 개의 동사를 덧붙임으로 하나의 동사가 가지는 어색함을 달래려 한 것이다.

이렇게 본다면 세 개의 대지로만 구성된 본문을 찾기란 더욱 하늘의 별 따기와 같다고 말할 수 있다. 일반적으로는 한 개나 두 개의 대지만 들어 있는 본문이 지배적이다. 그래서 중세 영국에서는 삼대지를 뽑아 낼 수 있는 본문만을 골라서 설교하기도 했다고 한다. 본문에 없는 삼대지는 활용하지 않겠다는 선한 의지로 볼 수 있다. 그럼에도 불구하고 설교자가 어떤 본문을 정했든지 상관없이 주일만 되면 어김없이 세 가지 대지의 설교가 강단에서 선포되고 있으니 기적 중의 기적(?)이 아닐 수 없다.

30분 설교에 맞추기 위해 본문에 전혀 존재하지도 않는 한두 개의 대지를 인위적으로 만들어 냈던 경험이 설교자라면 누구에게나 한두 번씩은 있을 것이다. 하지만 가만히 생각해 보면 이는 '비성경적 설교'로 나아가는 지름길이라 할 수 있다. 존 스토트(John Stott)의 말마따나 억지로 삼대지를 만드는 것은 전후좌우 살피지 않고 꽉 끼는 재킷을 끼어 입는 것과 같다. 삼대지 설교자들은 지금도 매주 성경 본문 속에 들어 있지도 않은 세 개의 대지를 만들어 내느라 고뇌하고 있다. 이번 주, 다음 주, 지구의 종말이 오기까지 말이다.

이제 마태복음 7장 7절의 내용이 포함된 강해 설교를 작성하면서 삼대지와 원 포인트 설교에 얼마나 큰 차이가 있는지를 비교해 보자. 강해 설교가 되려면 먼저 원 포인트의 핵심 메시지가 포함되는 최소 구절까지를 본문으로 선정해야 한다. 때문에 설교를 준비할 때의 최우선 과제는 마태복음 7장 7-12절까지를 본문으로 잡는 일이다.

> "구하라 그리하면 너희에게 주실 것이요 찾으라 그리하면 찾아낼 것이요 문을 두드리라 그리하면 너희에게 열릴 것이니 구하는 이마다 받을 것이요 찾는 이는 찾아낼 것이요 두드리는 이에게는 열릴 것이니라 너희 중에 누가 아들이 떡을 달라 하는데 돌을 주며 생선을 달라 하는데 뱀을 줄 사람이 있겠느냐 너희가 악한 자라도 좋은 것으로 자식에게 줄 줄 알거든 하물며 하늘에 계신 너희 아버지께서 구하는 자에게 좋은 것으로 주시지 않겠느냐 그러므로 무엇이든지 남에게 대접을 받고자 하는 대로 너희도 남을 대접하라 이것이 율법이요 선지자니라."

이 본문으로 세 가지 대지의 설교를 구상하는 것이 옳지 않음은 이미 살펴보았다. 7절 한 절만을 본문으로 하면 '구하면 주실 것이다'라는 원 포인트의 메시지를 추출할 수 있다. '기도하는 자의 의지와 열심'에 따라 하나님의 응답이 결정된다는 의미다. 응답해 주시는 하나님보다 기도하는 인간에게 초점이 가 있음을 볼 수 있다. 하지만 본문을 전체 문맥의 흐름에 맞게 해석하면 사람의 행위보다는 '하나님의 은혜와 선하신 의지'가 주된 역할을 한다는 사실을 알 수 있다. 다시 말해서, 본문에서 주도권을 잡고 계신 분은 사람이 아니라 하나님이시라는 것이다. 본문을 자세히 관찰해 보면 핵심 구절이 7절이 아니라 11절임을 발견할 수 있다.

> "너희가 악한 자라도 좋은 것으로 자식에게 줄 줄 알거든 하물며 하늘에 계신 너희 아버지께서 구하는 자에게 좋은 것으로 주시지 않겠느냐."

초점이 이 구절에 맞춰져 있음을 재빨리 눈치채야 한다. 이 내용은 우리가 하나님께 구해야 할 이유가 무엇인지에 대해서 언급하고 있기 때문이다. 하늘에 계신 우리 아버지는 구하는 자에게 좋은 것으로 주시는 분이라는 것이다. 이게 바로 우리가 구해야 할 이유다.

전체 문맥에 따라 본문을 바르게 해석한 내용을 기초로 핵심 메시지를 작성하면 다음과 같다. '하나님은 구하는 자에게 좋은 것으로 주시는 분이기 때문에 우리는 그분을 의지하면서 계속 구해야 한다.' 하나의 핵심 메시지가 추출됨을 볼 수 있다.

이제 삼대지 설교와 원 포인트 설교의 차이가 보이는가? 맛이 다르다. 이는 문학적 장치와 함께 관찰력을 통해서 맛볼 수 있는 진미다.

성경을 덮어놓고 믿는 이들이
의외로 많다.
성경은 덮어놓고 믿어서는 안 되고
펴 놓고 믿어야 한다.
우리는 성경을 펴 놓고 읽되
아무 생각 없이 읽는 것이 아니라,
꼼꼼하게 점검하고 분석하고
따지면서 읽어야 한다.

STEP 4

원어 성경을 활용하라

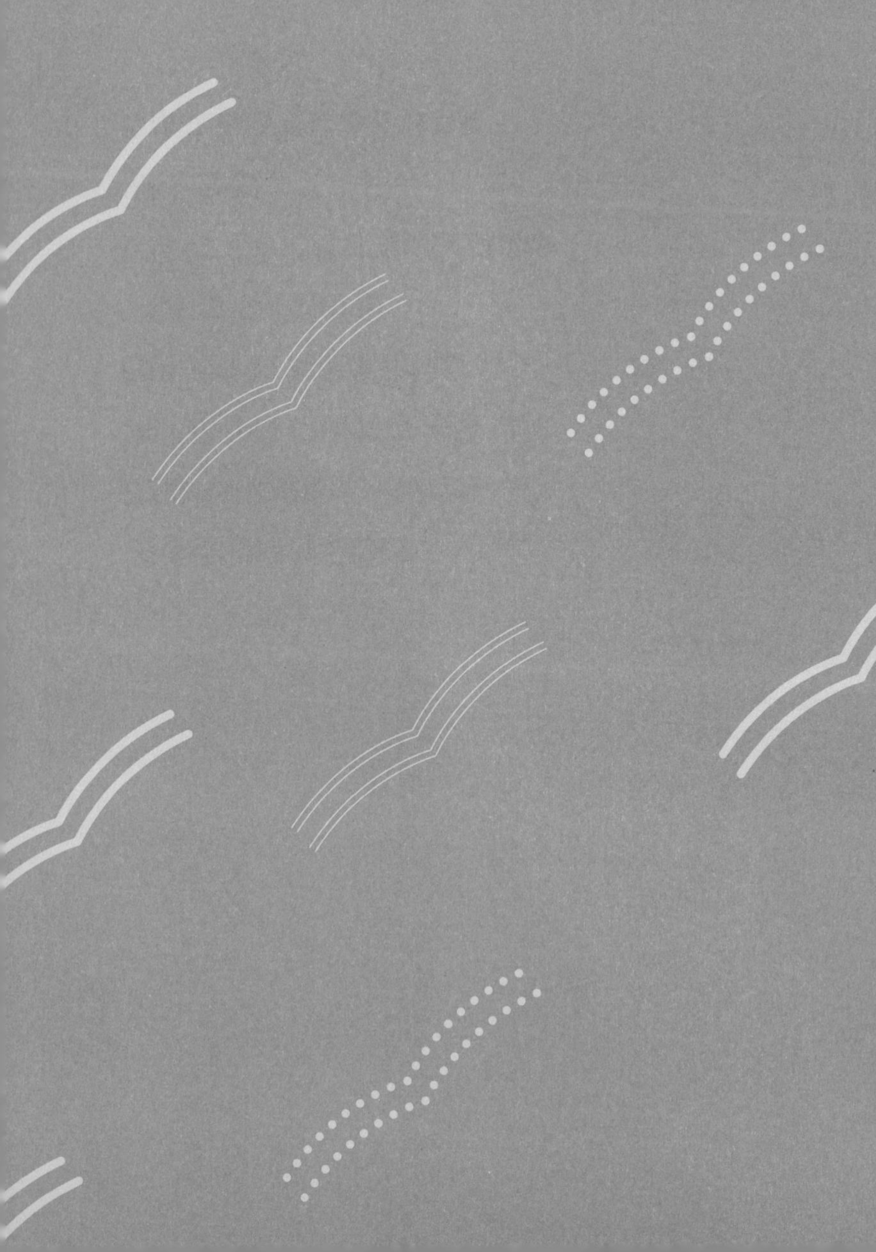

성경에 오류가 있을까? 보수주의자들은 대부분 성경무오설(Infallibility)을 믿고 있다. 과연 맞을까? 그렇다. 하지만 우리말로 번역된 성경에 관한 한 모든 성경 구절들에 오류가 전혀 없다고 볼 수는 없다. 그것은 바로 '잘못된 번역' 때문이다. 사실 원어 성경과는 다르게 번역된 구절들이 우리말로 번역된 성경에는 수없이 많다. '개역개정'이 나왔지만 전문가의 입장에서 볼 때는 여전히 수없이 많은 부분에서 문제가 있다.

우선 완전히 틀렸다고는 볼 수 없는 번역들이 있다. 에베소서 5장 16절이 그 실례다. '세월을 아끼라'라는 내용인데, 원어의 의미를 제대로 살리지 못한 번역 중 하나다. 원어에 맞게 번역하면 '하나님이 주신 시간을 구속하라'(ἐξαγοραζόμενοι τὸν καιρόν, Redeeming the time)가 된다. 쉽게 말하면, '하나님이 주신 시간을 그분이 기뻐하시는 시간으로 잘 선용하라'라는 의미다.

한 가지 더 소개하면, 요한복음 14장 16절에 '보혜사'라는 단어가 나온다. 영어로 하면 'helper'다. '도와주는 자'라는 말이다. 헬라어로는 '파라클레토스'(παράκλητος)인데, 이것은 한 단어로는 번역하기 힘들다. '도우미'(helper), '위로하는 자'(comforter), '변호사'(advocate) 등의 의미가 다 포함된 단어이기 때문이다. 그러다 보니 요즘에는 아예 헬라어를 영어화한 'paraclete'라는 단어로 사용하는 것을 본다.

그런가 하면 완전히 틀린 번역이 있다. 대표적인 구절로 갈라디아서 6장 7절을 소개할 수 있다.

> "스스로 속이지 말라 하나님은 업신여김을 받지 아니하시나니 사람이 무엇으로 심든지 그대로 거두리라."

무엇이 문제일까? 앞부분에 나오는 '스스로 속이지 말라'라는 내용이다. 표준새번역은 '자기를 속이지 마십시오'로, 공동번역은 '잘못 생각하지 마십시오'로 모두 같은 의미다. 그런데 아무리 문맥을 살펴봐도 스스로 속이거나 자기를 속인다는 것이 말이 되질 않는다. 그럼 뭘까? 영어 성경을 참조해 보면 모두가 한결같이 이렇게 번역하고 있다. "Do not be deceived"(ESV, NASB, NIV). '속임을 당하지 말라'라는 뜻이다. 여기에 해당하는 헬라어 '플라나쎄'(πλανᾶσθε)는 '현재 명령법 수동태의 동사'다. '속이지 말라'와 '속임을 당하지 말라'가 같은 의미인가? 전혀 다르다.

1979년 11월 3일 오전, 중앙청 광장에서 거행된 고(故) 박정희 대통령의 국장에서 있었던 일이다. 당시 강원용 목사는 성경 구절 몇 군데를 찾아서 읽고 남겨진 자녀들을 위해서 간단히 기도했다. 그때 읽었던 성경 구절 가운데 하나가 바로 갈라디아서 6장 7절 말씀이다. 전국에 텔레비전으로 중계된 광경을 지켜보던 많은 사람이 그 말씀을 듣고 엄청난 충격을 받았다. 평소 하나님을 믿지 않더니 사필귀정이 아니냐는 의미로 설교했다고 이해했기 때문이다.

갈라디아서 6장 7-9절 전체를 원어대로 읽어 보자. '스스로 속임을 당하지 말라 하나님은 업신여김을 받지 아니하시나니 사람이 무엇으로 심든지 그대로 거두리라 자기의 육체에다 심는 자는 육체로부터 썩어질 것을 거두고 성령에다 심는 자는 성령으로부터 영생을 거두리라 우리가 선을 행하되 낙심하지 말지니 포기하지 아니하면 때가 이르매 거두리라.'

이것을 헌금을 강조하는 구절로 착각하는 이들이 있다. '무엇으로 심든지 그대로 거두리라'를 '헌금을 많이 하면 많이 벌게 되리라'로 풀어 가면 안 된다. 이 본문은 헌금을 장려하는 구절이 아니라, 불신자나 신자들 가운데 가난한 자들을 물심양면으로 도와줄 것을 격려하는 내용이다.

저자의 의도를 제대로 알기 위해서는 우리말로 번역된 성경만으로는 한계가 있다는 점을 살펴보았다. 따라서 우리는 먼저 원어 성경을 보고 또한 원어 성경의 정확한 의미를 잘 살려 번역한 영어 역본들을 참조해야 한다. 아울러 본문이 나오게 된 배경과 전후 문맥까지 파악해야 한다. 그래야 성경의 내용을 온전하게 이해할 수 있다.

01. 문법의 차이가 공감으로 이어진다

'영혼이 떠나시니라' 라고?

줌(Zoom)으로 강의 영상을 녹화하다가 눈물이 솟구치는 색다른 경험을 했다. 강의하다가 눈물을 흘리게 되는 경우는 1년에 한두 차례 있을까 말까 한 희귀한 경험이다. 마태복음 27장 50절을 설명하다가 일어난 일이다. 내용은 다음과 같다.

"예수께서 다시 크게 소리 지르시고 영혼이 떠나시니라."

여기서 '영혼이 떠나시니라'라는 내용을 원어적으로 설명하는데 속에서 눈물이 터져 나와 녹화 도중 울먹이게 되었다. 왜 이 대목에서 울컥했을까? 사실 '영혼이 떠났다'는 내용을 보면 별 감흥이 생기지 않는다. 하지만 원문대로 번역하면 느낌이 달라진다. NIV 성경을 보면 다음과 같이 되어 있다.

"And when Jesus had cried out again in a loud voice, he *gave up*[let go] his spirit."

우리말로 직역하면 다음과 같다. "예수께서 다시 크게 소리 지르시고 당신의 영혼(목숨)을 떠나가게 하시니라(포기하시니라)." 이때 '떠나가게 하시니라'(포기하시니라)에 해당하는 동사는 헬라어 '아피에미'(ἀφίημι)로서, 이것은 '포기하다'(give up) 혹은 '떠나가게 하다'(let go)라는 '3인칭 단수 부정과거 능동태'다. '영혼이 떠나시니라'라는 우리말 번역(개역개정)과 '당신의 영혼을 떠나보내시니라'라는 원어의 의미상 차이가 보이는가?

'영혼이 떠나시니라'에서 주어는 예수님이 아니라 그분의 영혼이다. 예수님이 때가 되어 숨이 끊어지자 그 영혼이 예수님을 떠나 버렸다는 의미다. 여기에는 예수님의 의도나 의지가 전혀 보이질 않는다. 예수님이 십자가에 달려서 기력이 다 소진되었기에 당신의 뜻이나 의지와는 상관없이 수동적으로 죽음을 당하신 의미로 되어 있다.

원어 성경은 "예수님이 '스스로', '자발적으로' 당신의 목숨을 놔 버리셨다"라고 말한다. 보다 쉽고 구체적으로 말하면, "예수님이 '능동적으로', '의도적으로', '자발적으로' 당신의 생명줄을 놔 버리셨다"는 의미다. 이것을 설명하는데 갑자기 목이 콱 막히고 눈에서 눈물이 솟아나는 것을 경험하고 말았다. 성경 번역에 이리도 큰 차이가 있음을 알고 있는가?

성경 기자인 마태가 기록해 놓은 원래의 의미를 제대로 파악하고 보니 예수님이 죽음의 순간까지도 의도적으로 당신의 소중한 목숨을 포기하고 내려놓으셨음을 알 수 있었다. 누구를 위해서 말인가? '우리를 위해서', 오늘 '나를 위해서' 말이다. 그렇다면 예수님의 생명 포기는 구체적으로 무엇을 의미하는 것일까?

겟세마네 동산에서의 기도를 기억하는가? "만일 할 만하시거든 이 잔을 내게서 지나가게 하옵소서"(마 26:39)라는 내용 말이다. 뿐만 아니라 "나의 하나님, 나의 하나님, 어찌하여 나를 버리셨나이까"(마 27:46b)라는 내용도 기억하는가? 혹시 너무 실망스러운 내용들로 이해되지는 않는가? 불교의 이차돈도 생명 없는 종교를 위해 순교를 하고, 수많은 목회자와 성도들도 자신의 신앙을 위해 순교해 오지 않았는가? 그런데 어찌 하나님의 아들, 메시아가 이런 실망스러운 말을 내뱉는지 이해가 되지 않았을 것이다. 하지만 우리는 죄의 삯이란 하나님의 아들, 예수 그리스도조차도 두려워 떨 만큼 엄청나게 끔찍한 것임을 볼 수 있어야 한다. 이는 인류의 모든 죄를 혼자서 뒤집어쓰신 채, 비록 짧은 시간이나마 성부 하나님에게 저주를 받아 그분과의 단절을 경험한다는 것이 그분에게조차도 두려울 정도로 참혹했다는 것을 말해 준다.

누구 때문에 예수님이 그런 일을 자처하고 당하셨다는 말인가? 그렇게 죄의 삯은 두렵고 내키지 않는 일이었지만 나 때문에, 우리 때문에 그 길을 의연하게 가신 것이다. 예수님이 당신의 목숨을 스스로 포기하고 놔 버리셨다는 것은 예수님으로서는 처음으로 경험하는 하나님과의 단절을 뜻하는 일이다. 그분이 당하신 육체적인 고통은 성부 하나님께로부터 분리되는 고뇌에 비하면 새 발의 피였다.[19]

그처럼 끔찍한 상황으로 들어감에도 당신의 생명을 내려놓으신 것은 오직 우리 때문이다. 우리를 영원한 지옥에서의 고통으로부터 해방시키고자 하심이다. 이런 것이 깨달아지니 그만 속에서 눈물과 울음이 터져 나오지 않고는 배길 수 없었던 것이다.

'아, 주님의 깊으신 사랑, 그 자발적인 희생적 사랑이 아니었다면 나의 운명은 어떻게 되었을까?' 생각만 해도 아찔하고 두렵고 떨리는 일이 아닐 수 없다. 오늘 따라 주님의 십자가에서의 의도적인 죽으심이 몹시도 고맙고 감사하게 느껴진다. 주님의 그 깊으신 사랑을 본받아 우리 모두도 가난하고 배고프고 소외된 자들에게 베풀며 살아야겠다고 다짐해 보지 않겠는가?

02. 단어 하나가 해석을 바꾼다

행함의 비결은?

어느 교회에 믿음이 좋다고 자랑하는 한 청년이 있었다. 행함은 없음에도 신앙만 자랑하는 그 청년에게 다른 교회의 한 성도가 물었다. "당신의 믿음이 좋다고 하는데, 당신은 도대체 무엇을 믿나요?" 그때 청년이 대답했다. "난 우리 교회가 믿는 것을 믿어요." 다시 물었다. "당신 교회는 무엇을 믿나요?" 청년이 답했다. "우리 교회는 내가 믿는 것을 믿지요." 성도가 또 물었다. "그럼 당신은 무엇을 믿나요?" 그러자 청년은 이렇게 답했다. "우리 교회와 나는 같은 것을 믿는답니다."

이 유머에서처럼 믿음도 순종도 없이 입술로만 믿음이 좋다고 자랑하는 이가 교회 안에 적지 않다.

성경 66권 가운데 순종(행함)을 가장 강조하는 책이 무엇일까? 야고보서다. 야고보서는 순종(행함)이 없는 믿음을 '죽은 믿음'(약 2:17)이라고 했다. 만일 사람이 믿음이 있다고 자랑했으나 그 믿음의 내용물인 행함과 순종의 열매가 없다면 어찌 될까? 그가 자랑한 믿음을 소유했다고 인정하는 사람이 있을까? 절대 없을 것이다.

이처럼 행함이 소중하다는 사실은 누구나가 다 알고 있다. 문제는 어떻게 해야 살아 꿈틀대는 행함이 있는 믿음을 소유할 수 있느냐 하는 것이다. 본문은 바로 그 비결에 대해서 말씀하고 있는 아주 중요한 구절이다.

본문에는 두 부류의 사람이 소개되고 있다. 한 부류는 하나님의 말씀을 보기는 하는데 열매가 맺히지 않는 사람이다(약 1:23-24). 다른 한 부류는 하나님의 말씀을 보고 행함이 나타나는 사람이다. 성경은 둘 중에 행함이 나타나는 사람이 복이 있다(약 1:25)고 말씀한다.

어째서 똑같은 하나님의 말씀을 보는데 한 사람은 순종이 없고 다른 사람은 순종이 열매로 나타나는 것일까? 본문은 그 이유를 명백히 보여주고 있다. 첫째 사람은 성경을 읽기는 하지만 지속적으로 읽지 못하고 슬쩍 보고 말아 버리는 사람이다. 본문 23-24절을 보라.

> "누구든지 말씀을 듣고 행하지 아니하면 그는 거울로 자기의 생긴 얼굴을 보는 사람과 같아서 제 자신을 보고 가서 그 모습이 어떠했는지를 곧 잊어버리거니와."

거울이 예증으로 소개되고 있다. 거울의 목적은 흠이 있는지를 살피는 것이다. 그런데 거울을 슬쩍 보고 지나가 버리면 자신의 얼굴에 무엇이 문제인지를 제대로 파악할 수 없다. 제대로 알아야 고치고 수정하지 않겠는가? 하나님의 말씀도 마찬가지다. 시편 119편 9절은 이렇게 말씀한다.

"청년이 무엇으로 그의 행실을 깨끗하게 하리이까 주의 말씀만 지킬 따름이니이다."

그렇다면 둘째 사람은 어땠기에 순종으로 열매 맺는 것일까? 본문 25절은 이렇게 말씀한다.

"자유롭게 하는 온전한 율법을 들여다보고 있는 자는 듣고 잊어버리는 자가 아니요 실천하는 자니 이 사람은 그 행하는 일에 복을 받으리라."

이 사람은 하나님의 말씀을 슬쩍 보고 마는 사람이 아니라 '계속해서 들여다보고 있는' 사람이라고 했다. 그뿐이 아니다. 우리말로 번역된 성경에는 아주 중요한 동사 하나가 빠져 있는데, 헬라어 원문은 계속해서 들여다보고 있을 뿐 아니라 그 말씀에 '계속 머물러서 묵상하고 있는' 사람이라고 했다. 시편 1편 2절에 나오는 말씀대로 성경을 '주야로 묵상하는 사람'을 뜻한다.

"오직 여호와의 율법을 즐거워하여 그의 율법을 주야로 묵상하는도다."

히브리어든 헬라어든 '순종하다'라는 말에는 공통적으로 '듣다'(שָׁמַע/ἀκούω)라는 의미가 들어 있다. '순종'이란 곧 '하나님의 말씀을 듣는 것'을 뜻한다. 여호와의 말씀을 듣고 묵상함이 순종과 행함을 가능하게 하는 최고의 비결이다.

돼지와 소의 차이를 아는가? 돼지는 음식물이 소화되기까지 4시간이 걸린다고 한다. 입에 넣어 몇 번 씹고는 그냥 삼켜 버리기 때문이다. 하지만 소는 소화되기까지 돼지의 세 배나 되는 12시간이 걸린다고 한다. 음식을 입에 넣어 씹고 삼키면 첫 번째 위에 저장이 되고, 시간이 지난 후 게워 내어 다시 씹고 삼키면 두 번째 위에 저장이 되고, 시간이 지난 후 다시 게워 내어 씹고 삼키면 세 번째 위에 저장되는 과정을 거치기 때문이다.[20]

돼지와 소의 이러한 차이는 본문에 등장하는 두 사람의 대조적인 모습과도 흡사하다. 돼지처럼 하나님의 말씀을 대충 읽고 덮어버리는 성도와 소가 여물을 잘근잘근 씹듯이 오래도록 깊이 묵상하는 성도 간에 큰 차이가 나지 않는다면 그게 더 이상할 것이다.

순종과 행함을 가능하게 하는 살아 있는 믿음을 가지려면 어떻게 해야 하는지를 본문은 두드러진 대조의 실례를 들어 잘 설명하고 있다. 자신이 말뿐인 신앙인인지, 아니면 행함과 순종으로 인정받는 신앙인인지 스스로를 점검해 보고, 남은 생을 하나님께 인정받는 참 믿음의 사람이 되도록 날마다 말씀에 젖어 사는 우리 모두가 되었으면 좋겠다.

03. 바른 전달이 연대감을 부른다

코로나가 알려 준 '쉽파쎄오'

2021년 5월 18일, 카카오톡으로 비보가 하나 전달되었다. 시카고지역 한인교역자회 부회장이자 진리등대 한인침례교회의 담임으로 사역 중이던 지인 목사님이 코로나19에 감염되어 요양 중 끝내 숨을 거두셨다는 청천벽력 같은 소식이었다. 직장에 다니던 사모님이 확진되어 목사님과 아들에게 옮겼는데, 아들은 음성 판정을 받았지만 목사님은 양성 판정을 받아 병원에서 호흡 곤란으로 고초를 겪다가 끝내 하나님의 부르심을 받으셨다는 것이다. 남겨진 가족과 성도들의 슬픔이 얼마나 컸겠는가. 무엇보다 사모님의 자책감이 컸다고 한다. 자기 때문에 남편이 코로나에 희생되었다는 생각 때문이다. 방학 때마다 가서 교제하며 지내던 분인지라 실감이 나질 않았다.

목사님의 소식으로 비통해하던 내게 또 다른 슬픈 소식이 날아들었다. 세네갈에서 선교하는 친구 선교사에게서 온 소식이었다. 열악한 환경에서 코로나 증상이 발현되어 어렵고 힘든 시기를 보내고 있다는 내용이었다. 이틀 전 지인 목사님을 코로나 바이러스로 떠나보낸 충격이 채 가시지 않았는데, 문자의 내용으로 보나 좋지 않은 세네갈의 병원 시설로 판단해 보니, 왠지 모르게 이번에도 친구를 잃게 되는 것은 아닐까 하는 나약한 생각이 마음 한구석에 자리 잡기 시작했다. 문자의 내용으로 봤을 때 틀림없이 양성 반응이 나올 것으로 예상했는데, 아니나 다를까 양성 판정을 받고 말았다.

"자라 보고 놀란 가슴 솥뚜껑 보고 놀란다"고, 기도는 계속하면서도 두려운 마음이 가시질 않았다. 그렇게 시간이 흘러 9일 만에 낭보가 전해졌다. 두 번의 양성 판정 끝에 두 번의 음성 판정을 받고 집으로 돌아가게 되었다는 소식이었다. 날아갈 듯 기뻐서 친구에게 전화를 해서 진심으로 축하해 주었다. 마치 죽음에서 살아 나온 것이나 마찬가지였다. 정말 고맙고 감사했다. 한 가정의 슬픔을 경험한 뒤 또 다른 가정의 슬픔까지 맛보기에는 너무 힘들었기 때문이다. 코로나19와 싸워 승리한 그가 너무도 자랑스러웠다. 마치 전쟁에서 돌아온 영웅과도 같아 보였다.

얼마 전, 그 친구 선교사로부터 다시 반가운 문자를 받았다. 코로나 완치 후 세네갈에서 출국해 곧 한국에 도착한다는 내용이었다. 너무도 반가운 소식이었다. 그간 고국에 계신 부모님과 형제들 및 지인들이 얼마나 걱정하며 애태우고 기도했겠는가. 그런 아들과 형제와 친구가 살아서 돌아온다니, 방문하는 자나 맞이하는 자에게 얼마나 기쁜 일이겠는가.

친구와 문자를 나누던 중 같은 바이러스로 먼저 천국에 가신 시카고 지인 목사님의 얘기를 전해 주었다. 그러자 그는 그 소식에 깊은 안타까움을 표시하더니 계좌 번호를 알아봐 달라면서 홀로 되신 사모님께 적은 금액이라도 보내 드리고 싶다고 했다. 처음에는 인사치레로 하는 말이겠거니 생각했는데 그게 아니었다. 앞서가신 목사님의 장례식에 관한 사진과 지역 방송국의 보도 영상을 보냈더니, 시청 후에 너무 가슴이 아프고 눈물이 난다며 송금하고 싶다고 재차 전해 왔다. 세네갈에서 미국으로 직접 보낼 수는 없으니 내 계좌번호로 받아서 내가 대신 사모님께 전하면 어떻겠느냐고 물었다. 그 방법밖에는 달리 길이 없어서 그렇게 하기로 하고, 송금 받은 금액에 얼마를 더해서 미국에 있는 큰딸이 우편으로 사모님께 체크를 보내는 방식을 활용하기로 했다.

이 과정에서 나는 눈물겹고 감동적인 모습을 목격하게 되었다. 본인도 남의 후원을 받아 생활하고 사역해야 하는 선교사의 입장이 아니던가. 그런데 비록 소액이라고는 하나 그것으로라도 혼자되신 사모님께 위로를 드리고 싶어 하는 그의 마음이 너무도 귀하고 진실하게 느껴졌다.

짧게 문자를 주고받는 과정에서 가슴 아프게 깨달은 사실이 하나 있다. 친구 선교사의 진심 어린 마음이 어디에서 비롯된 것일까를 생각해 봤다. 천국에 앞서가신 시카고의 목사님과 똑같은 아픔과 두려움을 겪었기에 유족들에 대한 그의 마음이 남다를 수 있었던 것이다. 전혀 알지 못하는 사람인데다 전달 자체도 불편하고 어려웠기에 마음만으로 표시해도 괜찮았을 상황이다. 그러나 같은 문제로 아파하고 두려워해 봤기에 동병상련(同病相憐)의 마음이 생긴 것이다. 눈시울이 붉어지고 목이 메어 왔다. 순간 히브리서 4장 15절이 선명히 떠올랐다.

"우리에게 있는 대제사장은 우리의 연약함을 동정하지 못하실 이가 아니요 모든 일에 우리와 똑같이 시험을 받으신 이로되 죄는 없으시니라."

이전의 개역한글 성경은 '체휼(體恤)하다'라고 번역했는데 개정하면서 '동정하다'로 수정되었다. 그런데 '동정하다'라고 하면 우리 상황에서는 별로 좋지 않은 표현이기에 '체휼하다'가 더 좋은 번역이라 할 수 있다. 어려운 한자로 되어 있다 보니 이해하기 쉽게 하느라 '동정하다'로 수정한 것 같은데, 오히려 적합하지 않은 번역이 되어 버리고 말았다.

'체휼하다'라는 말은 '체험을 통해 긍휼히 여기다'라는 뜻이다. 이 동사의 헬라어 원어는 '쉼파쎄오'(συμπαθεω)인데, 이것은 '쉼'(συμ, 함께)과 '파스코'(πάσχω, 고통당하다)의 합성어로서 '어떤 사람과 경험을 나누다', '어떤 사람을 측은히 여기다', '같은 것을 겪다'라는 의미를 갖고 있다. 다시 말하면, 어떤 사람이 시험과 환난을 당해 연약해졌을 때 '함께 괴로워하고 아파하는 심정을 가진 것'을 가리킨다. 이 '쉼파쎄오'에서 유래된 영어 단어가 'sympathize'다.

예수님은 이 땅에 계시는 동안 우리가 당해 본 온갖 종류의 고난과 억울함과 상처 등을 몸소 다 겪으셨다. 그렇기에 그분은 불쌍히 여기는 마음이나 긍휼히 여기는 마음 없이 사람을 야박하고 몰인정하게 대하시는 분이 아니다. 직접 고난을 경험해 보셨기에 같은 심정으로 이해하고 아파하신다. 예수님은 하나님이기 때문에라도 모든 것을 다 아신다. 하지만 지식적으로 아는 것과 체험적으로 아는 것(יָדַע, yadah) 사이에는 큰 차이가 있다. 메시아로 이 땅에 오신 예수님이 인간이 되지 않으셨다면, 우리의 고초와 아픔을 신적 지식으로는 아셨겠지만 체험적으로는 알지 못하셨을 것이다.

친구 선교사가 코로나로 같은 고초를 겪지 않았다면 고인의 사모님에게 위로금을 보낼 생각은 하지 않았을 것이다. 본인도 똑같이 당해 봤기에 남겨진 가족의 아픔에 '쉼파쎄오'할 수 있었던 것이다.

고인의 아픔에 동참해 보지 않은 나 같은 이의 백 마디 위로보다 남편처럼 코로나와 사투를 벌인 경험이 있는 친구 선교사의 애정 어린 위로가 사모님에게는 더 큰 힘이 되었으리라 생각한다. 친구 선교사의 감동적인 반응을 통해서 주님이 누구보다 우리에게 가장 적절한 위로자가 되신다는 사실을 더 깊이 이해하게 되었음에 감사한다.

04. 자기중심적 해석은 오독에 빠뜨린다

카르페 디엠 (Carpe diem)

시간의 중요성을 모르는 이는 없을 것이다. 그럼에도 시간을 아끼는 이는 찾아보기 힘들다. 어제, 오늘 찾아온 시간이 내일과 모레에도 어김없이 찾아올 것이라 생각하기 때문이다. 윌리엄 셰익스피어(William Shakespeare)는 다음과 같이 말했다.

> 나는 시간을 낭비했고 이제는 시간이 나를 쇠약하게 만든다.[21]

시간을 허투루 낭비하면 결국은 내가 시간의 희생 제물이 되어 빈털터리가 될 수밖에 없다는 말일 것이다. 세네카(Lucius Annaeus Seneca) 역시 다음과 같이 말했다.

> 우리에게 주어진 시간이 너무 적은 것이 아니라, 우리가 너무 많은 시간을 잃어버리는 것이다. 우리는 짧지 않은 시간을 받았지만 짧아지게 만든다. 우리가 적게 받은 것이 아니라 우리가 가진 것을 낭비한다.[22]

한마디로 말하면, 우리에게 주어진 시간을 잃어버려서는 안 된다는 것이다. 그러면 '시간을 잃어버려서는 안 된다'는 말은 어떤 의미일까? 에베소서 5장 15-16절은 다음과 같이 말한다.

> "그런즉 너희가 어떻게 행할지를 자세히 주의하여 지혜 없는 자같이 하지 말고 오직 지혜 있는 자같이 하여 세월을 아끼라 때가 악하니라."

'세월을 아끼라'라는 말은 원어적으로 볼 때 '하나님이 주신 황금보다 소중한 시간을 구원하라'는 뜻이다. 여기서 '구원하다' 혹은 '구속하다'(redeem)라는 말은 '하나님이 우리에게 주신 시간을 그분이 가장 기뻐하시는 내용물로 채우는 것'을 의미한다. 짧게 요약하면, 시간을 선용하는 것을 말한다. 또한 '세월'이라는 말의 원어는 '카이로스'(καιρός)인데, 이는 '다시는 돌아오지 않을, 나에게만 부여된 결정적인 시간'을 의미한다. 매일, 매분, 매초마다 하나님이 부여하시는 이렇게 소중한 시간을 잘 활용하지 못하면 결국은 잃어버리게 된다.

'카르페 디엠'이라는 말이 있다. '오늘을 즐기라!' 혹은 '현재를 즐기라!'로 유명한 이 문장은 영화 <죽은 시인의 사회>에서 키팅(Kitting) 선생이 학생들에게 자주 외친 말로 널리 알려져 있다. '대학 입시'나 '직장 구함'이라는 미명하에 꿈과 낭만과 즐거움을 포기해야만 하는 학생들에게 전한 '현재를 마음껏 즐기라'는 권면이었다. 문제는, 자기 '현재의 삶에 충실하라'는 의미인데, 이것을 오해해서 '홍청망청 맘대로 즐기라'는 뜻으로 잘못 활용하는 경우가 많았다. 휘튼대학 총장을 역임했던 필립 G. 라이큰(Philip G. Ryken)도 《헛된 세상, 헛되지 않은 삶》(생명의말씀사 역간)이라는 저서에서 '카르페 디엠'을 고린도전서 15장 32절에 나오는 "내일 죽을 터이니 먹고 마시자"와 같이 부정적인 의미로 이해한 것을 보았다.[23] 하지만 '카르페 디엠'이라는 라틴어의 원뜻은 '시간을 잡으라'라는 의미다. '하나님이 매일 내게 주시는 소중한 시간을 붙잡아서 하나도 잃거나 낭비하지 말고 가장 값지고 의미 있는 시간으로 메우라'는 말이다. 이는 고린도전서 15장 32절이 아니라 에베소서 5장 16절 말씀과 동일한 의미로 이해해야 하는 말이다.

오늘 우리는 하나님이 주신, 다시는 찾아오지 않을 나만의 결정적인 시간(καιρός)을 어떻게 사용해야 할까? "하나님이 주신 시간을 하나님의 뜻에 가장 잘 맞게 선용할 수 있는 지혜를 주옵소서!"라고 기도하자.

05. 문맥 속에 은혜의 보석이 있다

'은혜 위에 은혜' 라고?

요한복음 1장 16절에는 이런 내용이 나온다.

"우리가 다 그의 충만한 데서 받으니 은혜 위에 은혜러라."

성도라면 모르는 이가 없을 정도로 너무나도 익히 잘 알고 있는 유명한 구절이다. 하지만 '은혜 위에 은혜러라'라는 내용의 정확한 뜻을 제대로 이해하고 있는 이가 몇이나 될까 생각해 보면 안타까운 마음이 몰려온다.

보통 '은혜 위에 은혜러라'라는 내용은 성도들이나 목회자들에게 다음과 같이 이해되고 있다. '하나님의 은혜라는 것은 고갈되지 않고 온 우주를 뒤덮고도 남을 정도로 충만한 것이기 때문에, 우리에게 부어 주실 은혜가 은혜 위에 쌓이고 또 쌓일 정도로 크고도 넓다.' 별다른 해석이 필요 없을 정도로 우리말로 번역된 성경의 내용은 이해하기가 쉽게 기록되어 있다.

제라드 C. 윌슨(Jared C. Wilson)은 다음과 같이 말한다.

> 요한복음 1장 16절 말씀이 사실이라면 우리는 예수님의 충만함으로부터 '은혜 위에 은혜'를 받아야 한다. 무슨 얘기인가? 쉽게 말해 은혜가 무제한 제공된다는 뜻이다. 우리에게 필요한 모든 것을 하나님은 넘치도록 주신다 (빌 4:19; 히 4:16).[24]

하지만 이보다 더 잘못된 생각은 없다는 사실을 꼭 기억해야 한다. 이런 오류는 잘못된 번역에서 비롯된다. 이 구절의 원문을 보면 '은혜 위에 은혜'가 아니라, '은혜를 대적하는 은혜' 혹은 '은혜를 대체하는 은혜'(카린 안티 카리토스, χάριν ἀντὶ χάριτος)다. '위에'라는 헬라어는 '에피'(ἐπὶ)로서, 전혀 다른 전치사인 '안티'(ἀντὶ)가 사용됐음에 유의해야 한다.

한글 번역뿐 아니라 영어 역본들도 한 가지 외에는 모두가 '위에'(upon)로 잘못 번역하고 있다. 오직 YLT만이 원문대로 'grace over-against grace'로 번역했다. 아마도 번역가들이 '은혜를 대적한다'고 하려니 이상해져서 그렇게 번역했으리라 생각한다. 이는 명백히 전후 문맥에 대한 무지의 소치에서 비롯된 실수일 것이다. 따라서 16절 바로 다음 절을 놓쳐서는 안 된다. 원래 성경은 장과 절의 구분 없이 하나로 연결되어 있었기에 16절과 17절은 떼려야 뗄 수 없는 자연스러운 흐름의 두 구절이다. 17절의 내용을 살펴보자.

> "율법은 모세로 말미암아 주어진 것이요 은혜와 진리는 예수 그리스도로 말미암아 온 것이라."

그렇다. 16절과 17절을 원문과 문맥에 맞게 번역하면 다음과 같다. "우리가 다 그의 충만한 데서 받으니 처음 은혜(모세로 말미암아 주어진 율법)는 나중에 주어진 것(예수 그리스도로 말미암아 주어진 진리의 말씀)과는 대적될 정도로 족히 비교할 수 없는 은혜러라 율법은 모세로 말미암아 주어진 것이요 은혜와 진리는 예수 그리스도로 말미암아 온 것이라"(저자 역). 이어지는 17절의 내용을 통해 16절의 의미가 선명해짐을 본다.

복음서의 권위자인 카슨(D. A. Carson)은 《힘써 하나님을 알자》(두란노서원 역간)라는 책에서 이렇게 말했다.

> 율법을 주심은 은혜로운 일, 하나님의 멋지고 아름다운 선물이었다. 하지만 최고의 은혜와 진리는 예수 그리스도를 통해 주어졌다. 바위틈에 숨은 모세에게 보여주신 영광이 아니라 십자가에서 피 흘리신 예수님의 희생을 통해 드러났다. 율법의 언약은 하나님의 은혜로운 선물이었지만, 이제 예수님은 새 언약, 궁극의 은혜와 진리를 가져오실 것이다. 이는 '옛 은혜를 대체하는 은혜'이며, 새 언약과 이어져 있다.[25]

모세는 '살인하지 말라' 했지만, 주님은 형제를 능멸하고 차별하는 것만으로도 죄가 된다고 하셨다. 요컨대 교회가 말하는 '의', 교회가 추구하는 '의'는 당연히 구약의 율법의 요구나 세상이 요구하는 정의보다 높은 것이다. 그래서 성경은 다음과 같이 말씀한다.

"내가 너희에게 이르노니 너희 의가 서기관과 바리새인보다 더 낫지 못하면 결코 천국에 들어가지 못하리라"(마 5:20).

십계명과 율법을 넘어서는(대체하는) 그리스도의 은혜는 그분의 신부인 우리에게도 세상 법과는 구별되는 의와 덕을 요구한다. 5리를 가자 하면 10리까지 가주고, 겉옷을 달라 하면 속옷까지 내주는 수준 높은 은혜와 사랑 베풂 말이다. '모세로 말미암은 은혜와는 대적이 된다고 할 만큼 족히 비교가 안 되는 그리스도의 은혜'를 늘 마음에 되새기며 하나님의 은혜에 부족함 없는 삶을 오늘부터 잘 살아 보자.

06. 적확한 해석이 천국과 지옥을 가른다

'영혼멸절설'은 성경적인가?

예나 지금이나 지옥 문제는 언제나 뜨거운 이슈 중 하나다. 지옥이 참으로 존재하는가? 그렇다면 그곳은 어떤 곳인가? 성경에서 말하는 지옥은 '문자적인' 의미로 이해해야 하는가, 아니면 하나의 '상징적인 표현'이나 '비유적인 표현'에 불과한 것으로 이해해야 하는가? 예수 그리스도를 영접하기를 거부한 채 죽은 사람의 운명은 과연 어떤 상태인가? 코로나 바이러스로 인한 사망자가 계속 늘어 가고 있는 위기의 상황을 맞아 지옥에 관한 문제를 한번 정리하고 넘어감은 유익한 일이라 생각한다.

전통적으로 구원받지 않고 죽은 사람이 가는 지옥은 '불 못'으로서 '영원한 형벌의 장소요, 분리의 장소요, 의식적 고통의 장소요, 후회의 장소'라고 믿어 왔다. 그러나 최근 이런 전통적인 지옥 개념이 많은 도전을 받으면서 영원히 탄탄해 보이던 지옥문이 심하게 흔들리기 시작했다. 특히 복음주의자로 알려진 존 스토트, 존 웨남(John Wenham), 필립 휴즈(Philip Hughes), 에드워드 퍼지(Edward Fudge) 같은 영향력이 지대한 학자들의 '영혼멸절설'(annihilationism)이 기존의 지옥관에 대한 새로운 대안으로 제시되면서 더 심각한 양상으로 확산되고 있다.[26]

이들의 주장에 의하면, 우선 성경에서 구원받지 않은 자들을 향해 '망하다'(아폴루미, απολλυμι) 또는 '멸망'(아폴레이아[απωλεια] 또는 올레드로스[ὄλεθρος]) 같은 단어들을 사용할 때 그 단어들은 반드시 문자적으로 망해서 소멸하는 것으로 받아들일 수밖에 없다고 주장한다(빌 1:28, 3:19; 살전 5:3; 살후 1:9; 히 10:39; 벧후 3:7; 계 17:8, 11 참조). 예를 들면, "몸은 죽여도 영혼은 능히 죽이지 못하는 자들을 두려워하지 말고 오직 몸과 영혼을 능히 지옥에 멸하실 수 있는 이를 두려워하라"(마 10:28)는 구절에서, 하나님은 영혼을 문자적으로 멸해서 완전히 소멸할 수 있는 분이기 때문에 사람의 영혼은 불멸이 아니라고 말한다.

또 지옥에 관한 여러 이미지 가운데 '지옥 불', '불 못' 같은 이미지에 초점을 맞추어서 '지옥 불'이라는 것은 '영원한 고통을 주는 것'이라기보다는 '태워서 없애 버리는 것'이라고 주장한다. 물론 불의 이미지가 영혼멸절론자들의 주장과 같이 태워 버린다는 의미로 해석될 수 있는 경우도 있다. 예를 들면, 예수님이 "손에 키를 들고 자기의 타작마당을 정하게 하사 알곡은 모아 곳간에 들이고 쭉정이는 꺼지지 않는 불에 태우시리라"(마 3:12)라고 하신 말씀이나, "아름다운 열매를 맺지 아니하는 나무마다 찍혀 불에 던져지느니라"(마 7:19)라고 말씀하신 것은 '태워 없애다'라는 의미로 해석할 수도 있을 것이다.

그러면 지옥 형벌이 영원히 지속되는 것이 아니라 순간적으로 끝난다는 영혼멸절설이 맞는다는 말일까? 천만에다. 신약에서 '아폴루미'나 '아폴레이아' 같은 단어들이 사용되고 있는 구절을 잘 분석해 보면, '멸절'이나 '소멸'을 의미하는 구절도 있지만 그렇게 볼 수 없는 구절도 있음을 확인해야 한다. 이 단어들은 '멸절'과 '소멸'이라는 뜻 외에 '잃어버린'(lost)을 의미하기도 한다. 예를 들어, 누가복음 15장에서는 '잃어버린 것'이라는 의미로 사용되고 있다(눅 15:4, 6, 8, 9, 24, 32). 또한 마태복음 9장 17절에서는 낡은 가죽 부대에 새 포도주를 넣어서 가죽 부대가 '찢어져 못 쓰게 되었다'는 의미로 사용되고 있다. 그리고 마가복음 14장 4절에서는 한 여인이 예수의 머리에 부은 향유를 '허비한다'는 의미로 사용하고 있다. 우리는 하나님을 몸과 영혼을 지옥에 '멸하시는' 분으로가 아니라 몸과 영혼을 지옥에 '버려 두사 외면당한 채 영원한 고통 속에 거하게 하시는' 분으로 이해할 수 있다.

또 '불' 이미지가 모두 '태워 없앤다'는 것을 말하고 있지 않음에도 유의해야 한다. 마태복음 25장 41-46절의 경우 불을 '태워 없앤다'는 의미보다는 '영원한 고통'의 의미로 해석하는 것이 훨씬 더 자연스럽다. 41절에서는 분명히 "마귀와 그 사자들을 위하여 예비된 영원한 불에 들어가라"고 했는데, 불이 한순간에 모든 것을 다 태워 없애 버리는 것을 의미했다면 어떻게 그 불을 '영원한' 불로 묘사할 수 있었겠는가.

마가복음 9장 47-48절에 의하면 "만일 네 눈이 너를 범죄하게 하거든 빼 버리라 한 눈으로 하나님의 나라에 들어가는 것이 두 눈을 가지고 지옥에 던져지는 것보다 나으니라 거기에서는 구더기도 죽지 않고 불도 꺼지지 아니하느니라"고 했다. 이 구절에서 중요한 것은 '구더기'라는 단어다. 우리말로 번역된 성경에는 그냥 '구더기'라고 되어 있지만, 헬라어 원문에서는 "'그들의' 구더기"(ὁσκώληξ αὐτῶν, their worm)라고 말하고 있다. 지옥이 구더기도 타지 않는 곳이라면, 그 구더기가 파먹어야 할 대상인 '영혼들' 역시 영원히 구더기의 먹잇감으로 고통당하는 곳이라는 뜻이 아니겠는가.

누가복음 16장에 나오는 '부자와 나사로 이야기'에서도 분명히 '불'은 '태워 없앤다'는 의미보다는 '영원한 고통'의 의미로 소개되고 있음을 놓치지 말자. 부자가 불 속에서 소멸되고 없어진 것이 아니라 "내가 이 불꽃 가운데서 괴로워하나이다"(눅 16:24)라고 부르짖고 있음에 주목하라. 이것을 단순한 비유나 상징으로만 보려는 이들이 있어 왔지만, '나사로'라는 거지의 이름이 비유 속에 명시된 사실("나사로라 이름하는 한 거지"[눅 16:20])로 볼 때, 이 사건은 필히 지옥에서 벌어지고 있는 실제 상황으로 이해하는 것이 자연스럽다.

이처럼 예수 그리스도를 믿지 않는 자들이 지옥에서 영원히 고통당한다는 근거는 성경 속에 차고 넘친다. 만일 불신자들의 영혼이 지옥에서 영원히 불타지 않고 순간적으로 소멸되어 버린다면 전도의 필연성이 치명타를 받게 된다는 사실을 생각해 보라. 사람들에게 "천국 갈래, 아니면 지옥에 떨어져 순식간에 사라져 버릴래?"라고 질문한다면 뭐라고 답할까? "천국이고 지옥이고 믿지도 않을 뿐더러, 혹 지옥이 존재하더라도 영원한 고통의 의미가 아니라면 굳이 예수 믿을 필요가 뭐 있나?" 이렇게 반문한다면 뭐라고 말할 것인가? 영혼 구원과 전도의 필연성을 사라지게 만드는 교리는 결코 성경의 가르침도 아닐 뿐더러 아주 유해한 가르침이라는 사실을 반드시 기억해야 한다.

코로나 바이러스로 사망자가 생겨나기 시작하면서 사람들은 마스크를 낀 채 예배를 드리고, 되도록이면 바깥출입을 금하고 있다. 행여 공기 중에 있는 바이러스 균이 호흡기로 침투해서 감염자로 확인되어 사망에 이를까봐 모두가 두려움과 공포 속에 전전긍긍하고 있다. 이런 상황 속에서 오늘 우리는 어떤 자세를 가지는 것이 좋을까? 육신적 죽음이 무서워 건강에 신경 쓰는 것도 필요하겠지만, 무엇보다 영원한 지옥 형벌을 피하고 영혼의 영원한 안전과 안위를 위해 우리 마음을 잘 관리하고 다스림에도 최선을 다해야겠다.

> "모든 지킬 만한 것 중에 더욱 네 마음을 지키라 생명의 근원이 이에서 남이니라"(잠 4:23).

07. 표현에 따라 관계의 밀도가 달라진다

우리 염려를 주께 '맡겨야' 하는가?

염려와 근심과 걱정과 두려움 없이 사는 사람이 있을까? 그런 사람을 찾으려면 공동묘지로 가야 할 것이다. 죽은 사람에게는 염려와 근심 등이 있을 수가 없다. 바꿔 말하면, 산 사람에게는 그러한 것들이 없을 수 없다는 말이다.

사람이라면 누구에게나 다 찾아오는 불청객이자 평생 고객인 이것들을 해결할 수 있는 속 시원한 비책이 있을까? 미국의 유명한 보컬리스트이자 지휘자이며, 십여 차례 그래미 어워드를 수상한 바비 맥퍼린(Robert Bobby McFerrin Jr.)이 부른 대표적인 노래가 있다. 〈Don't Worry Be Happy〉가 그것이다. 그 가사의 내용을 참조해 보라.

> 여기 제가 만든 조그만 노래가 하나 있어요
>
> 한 음, 한 음 노래 부르고 싶을 거예요
>
> 걱정 말고 행복하세요
>
> 모든 삶에서 우린 문제가 있죠
>
> 하지만 걱정하면 두 배가 돼요

걱정 말고 행복하세요

이제 걱정 말고 행복해요

걱정 말고 행복해요

머리 누일 곳이 없죠

누군가 와서 당신의 침대를 가져가면

걱정 말고 행복해요

집주인이 말해요 집세가 늦었다고

그는 소송 걸지도 몰라요

걱정 말고 행복해요(날 봐요, 난 행복하잖아요)

걱정 말고 행복해요

제 전화번호를 줄게요

걱정되면 전화해요, 내가 행복하게 해 줄게요

걱정 말고 행복해요

현금도 없고, 스타일도 없고

당신을 웃게 해 줄 여자도 없죠

하지만 걱정 말고 행복해요

걱정하면 주름 생겨요

모두를 다운시키죠

그러니 걱정 말고 행복해요

이제 걱정 말고 행복해요

걱정 말고 행복해요

지금 내가 쓴 곡이 있어요

한 음, 한 음 배우길 바라요

착하고 어린 아이들처럼

걱정 말고 행복해요

지금 제가 하는 말을 잘 들어 봐요

당신의 삶에서 뭔가 문제가 생길 거라고 예상하죠

걱정하면 두 배가 돼요

하지만 걱정 말고 행복해요

이제 행복해요

걱정 말고 행복해요

걱정 마요, 하지 마요, 행복해요

얼굴에 웃음을 지어요

모든 사람을 이렇게 다운시키지 마요

걱정 마요 무엇이 되었건 지나갈 거예요

걱정 말고 행복해요

난 걱정하지 않아요, 행복해요[27]

'걱정하지 마. 즐겁게 살아라!'(Don't worry, Be happy!)가 유일한 해결책이다. 그러나 그것은 비책이 될 수 없다. 사람이 마음먹은 대로 된다면 세상에 염려할 일이 어디 있겠는가. 하지만 성경은 염려에 관한 확실한 해결책을 제시한다. 베드로전서 5장 7절을 보라.

"너희 염려를 다 주께 맡기라 이는 그가 너희를 돌보심이라."

우리말의 '맡기다'는 어떤 뜻인가? 사전적으로는 "어떤 물건을 보관하게 하다"(표준국어대사전)라는 의미를 갖고 있다. 영어로는 'entrust', 즉 '위탁하다'라는 단어가 어울리는 말이다. 이렇게 본다면 우리의 염려를 맡기라는 것은 다시 찾아가라는 의미를 전제하고 있다. 다시 찾아갈 생각 없이 물건을 맡기는 사람은 없으니 말이다.

우리말로 번역된 성경은 오랜 세월 동안 '너희 염려를 주께 맡기라'고 번역했고, 설교자들은 이를 기초로 해서 그 내용 그대로 설교해 왔다. 때문에 한국 교회 성도들은 집회를 하고 말씀을 들을 때는 자신의 염려를 주께 잘 맡기다가 집회를 마치고 집으로 돌아갈 때가 되면 염려를 다시 찾아가는 일에 챔피언들이다.

이 말씀을 원문에 맞게 제대로 번역하면 어떻게 될까? 그 내용은 다음과 같다. "너희 염려를 다 주께 '던져 버리라'(에피립토[ἐπιῤῥίπτω], Cast all your anxiety on Him[NIV]). 왜냐하면 그가 너희를 돌보시기 때문이라." 우리 염려를 다 주님에게 던져 버리라는 것이다. 던진다는 것은 '신경 쓰지 않는다'는 뜻이다. 이유가 무엇인가? 바로 이어서 나오는 내용 때문이다. "여호와 그분이 케어(care)하시기 때문이다." 따라서 이제는 염려를 주님에게 던져 버리고 영원히 신경을 끄라는 뜻이다.

구약의 시편 55편 22절도 마찬가지다.

> "네 짐을 여호와께 맡기라 그가 너를 붙드시고 의인의 요동함을 영원히 허락하지 아니하시리로다."

이 구절 역시 베드로전서 5장 7절처럼 잘못 번역되어 있는데, 제대로 번역하면 다음과 같다. "네 짐을 여호와께 '던져 버리라'(שׁלך [throw away, cast] your burden on the LORD, [ESV]) 그가 너를 붙드시고 의인의 요동함을 영원히 허락하지 아니하시리로다." 우리의 모든 근심과 짐을 여호와에게 던져 버리라고 되어 있다. 헬라어 '에피립토'(ἐπιῤῥίπτω)와 히브리어 '샬라크'(שׁלך)는 같은 의미의 단어다. '던져 버리라'는 뜻이다.

카일 아이들먼(Kyle Idleman)은 이 단어를 성경의 다른 곳에서도 사용된 '옮기다'(transfer)로 이해하기도 한다. 문자적으로 '짐을 옮기다'라는 의미로 말이다. 우리를 붙잡고 주저앉히는 짐을 하나님이 지고 가시게 그분에게 옮기라는 것이다.[28] 이 또한 원어의 뜻을 보다 쉽게 이해하게 해 주는 데 도움이 되는 의미라 생각된다.

우리의 염려와 근심과 걱정과 두려움은 "I don't care!"(나 신경 꺼요!)라고 외치면서 모두 하나님께 던지고 옮겨 버려야 한다. 왜냐하면 그분이 우리 대신 케어하고(care) 책임지실 것이기 때문이다. 이렇게 좋은 하나님을 아버지로 두고 있으면서 왜 염려와 근심이 그리 많은지 모르겠다. 오늘도 우리 속에 찾아오는 모든 문제들에 대한 염려와 근심과 걱정들은 모두 하나님께 던져 버리고 기쁨과 감사와 평안 속에 행복한 하루를 살아가는 우리 모두가 되었으면 좋겠다.

저자의 의도를 제대로 알기 위해서는
우리말로 번역된 성경만으로는 한계가 있다.
따라서 우리는 먼저 원어 성경을 보고
또한 원어 성경의 정확한 의미를 잘 살려
번역한 영어 역본들을 참조해야 한다.
아울러 본문이 나오게 된 배경과
전후 문맥까지 파악해야 한다. 그래야
성경의 내용을 온전하게 이해할 수 있다.

STEP 5

문맥을 활용하라

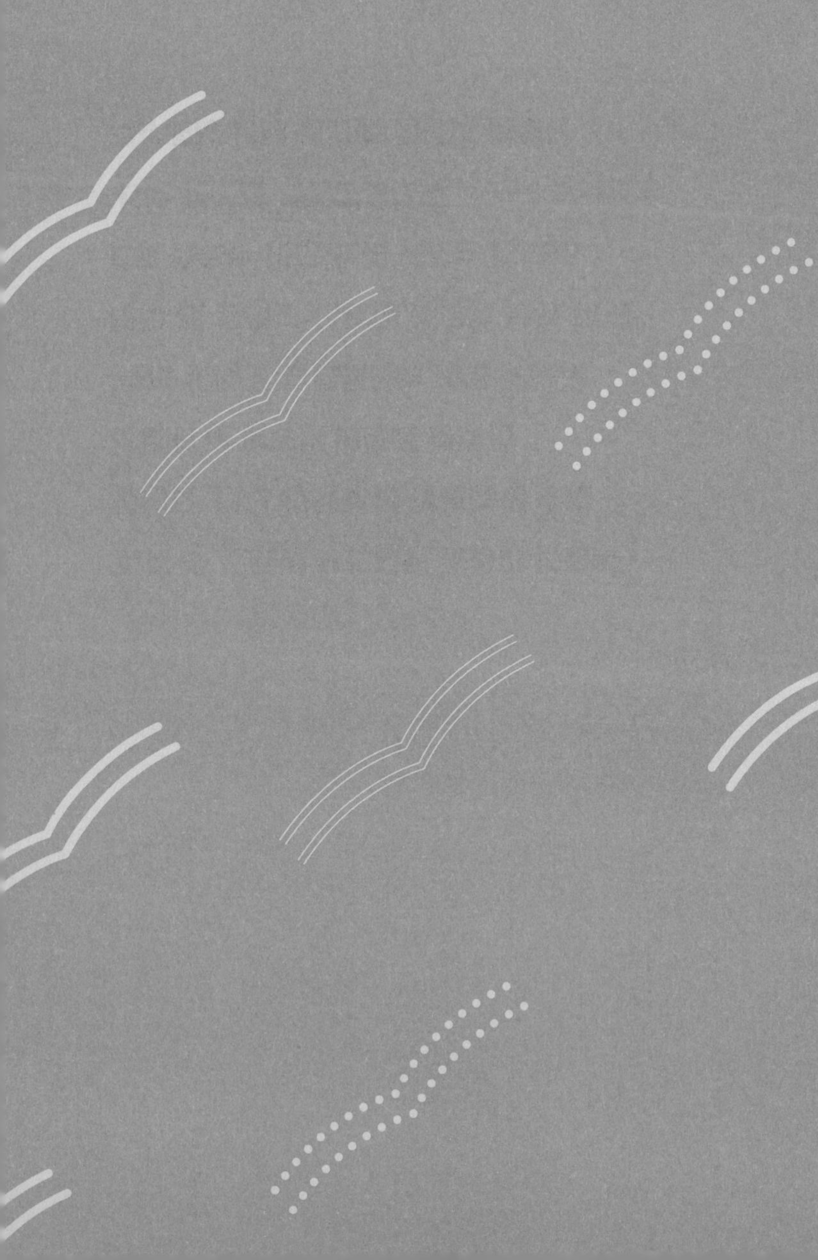

책을 읽을 때 문맥을 고려하는 것은 너무도 중요한 작업이다. 문장의 전후 문맥을 전혀 알지 못하고 글을 읽으면 백이면 백 각기 다른 뜻이 나올 수 있기 때문이다. 쉬운 예를 들어 보자. "나는 '말'을 좋아한다"라는 문장이 있다고 하자. 이것이 우리가 타는 '말'(horse)을 좋아한다는 뜻인지, 입으로 하는 '말'(word)을 좋아한다는 뜻인지, 초(初, 처음)가 아닌 '말'(末, 마지막)을 좋아한다는 뜻인지 알 수 없다.

어학 연수차 미국에 도착한 첫날, 한국인 여학생에게 미국인 선생이 이렇게 물었다고 한다. "Do you miss Korea?" 그러자 그녀는 수줍은 듯 얼굴을 붉히며 이렇게 답했다고 한다. "No, I am not Miss Korea." 그녀는 "한국이 그립지?"라는 질문을 "너 미스코리아니?"로 착각한 것이다. 문맥의 중요성을 일깨워 주는 재미있는 이야기다. 'Are'가 아닌 'Do'가 사용된 것도 그렇지만, 처음 보는 사람에게 '미스코리아'냐고 물어본다는 것은 전혀 상황에 맞지 않는다. 단어는 문장 속에서, 문장은 단락 속에서 의미가 결정됨을 반드시 기억해야 한다.

보다 실제적인 예를 들어 보자. 우리가 잘 알고 있는 명언 중 대부분이 잘못 알고 있는 말이 있다. 그것은 발명왕 에디슨(Thomas Alva Edison)

의 “천재는 1퍼센트의 영감과 99퍼센트의 노력으로 이루어진다”라는 말이다. 대부분은 에디슨이 영감보다는 노력에 더 강조점을 두고 말했다고 생각한다. 다시 말해서, 영감도 필요하겠지만 노력이 그 이상으로 중요함을 그가 강조했다는 것이다. 그러나 실제의 뜻은 그게 아니었다. 그 이야기가 나온 배경을 무시하면 안 된다는 말이다.

에디슨의 82세 생일에 기자 회견이 있었다. 한 잡지사 기자가 “지금까지 한 발명 중 가장 영감 있었던 발명은 무엇인가요?”라고 질문하자 좀 화가 나 있던 에디슨은 다음과 같이 말했다고 한다.

“음. 아마도 신생아의 두뇌에서 천재성을 발견했다는 것이지요. 갓 태어난 만큼 천재성이 머물기 좋은 자리는 없어요. 하지만 어른이 된 후에는 자신의 천재성을 발견하기 쉽지 않아요. 하지만 1퍼센트의 영감과 99퍼센트의 노력만 있다면 가능할지 모르겠소!”

이것은 ‘1퍼센트의 영감이 없으면 99퍼센트의 노력은 소용이 없다’는 뜻이다. 천재가 되려면 노력도 필요하지만 1퍼센트의 영감이 절대적으로 중요하다는 것이다. 그런데 앞뒤 맥락을 파악하지 않은 기자가 뒤에 나오는 한 문장만 고정해서 해석하다 보니 원래의 의미가 완전히 왜곡된 기사를 실어 버렸다. 상당한 시간이 지난 후 다른 기자가 에디슨을 인터뷰하면서 과거 인터뷰 내용에 대한 질문을 던진 적이 있다. 그때 에디슨은 다음과 같이 말했다.

“전에 나는 신문 취재에서 그 기자에게 ‘1퍼센트의 영감이 없으면 99퍼센트의 노력은 소용이 없다’고 말한 거였소. 그런데 신문에는 1퍼센트의 영감에 대한 중요성이 아니라 99퍼센트의 노력에 중점을 두고, 나를 노력하는 사람으로 미화하여 진실을 잘못 전달한 것이오. 정말이지 못 말리는 착각이라오."[29]

문맥의 흐름을 놓칠 때 발생할 수 있는 문제를 이보다 더 잘 보여 줄 수는 없을 것이다. 성경을 해석함에 있어서도 마찬가지다. 대표적인 두 가지 실례를 간단히 소개하면 다음과 같다.

먼저 사도행전 19장 31절에 이런 말씀이 있다. "연극장에 들어가지 말라 권하더라." 이 구절의 내용만 본다면, 그리스도인이라면 누구나 연극장이나 극장에 가면 안 된다고 설교할 수 있지 않겠는가? 하지만 이 구절은 바울이 연극이나 영화 관람을 금지할 목적으로 쓴 것이 아니라, 당시 바울을 해하려는 사람들이 연극장으로 몰려들었기 때문에 해를 당하지 않도록 그에게 거기 들어가지 말 것을 권고하기 위한 것이다. 그런 배경을 알지 못한 채 연극장이나 극장에 가서는 안 된다고 설교하는 목회자가 있다면 얼마나 황당한 일이겠는가.

다음은 빌립보서 4장 13절이다. "내게 능력 주시는 자 안에서 내가 모든 것을 할 수 있느니라." '그리스도인 만능주의'가 여기서 나왔다. 예수님을 믿는 사람에게는 불가능이 없다고 하는 말이다. 하지만 이것은 이전 문맥을 무시한 치우친 해석이다. 11-12절을 참고하지 않은 13절은 의미가 없다.

"내가 궁핍하므로 말하는 것이 아니니라 어떠한 형편에든지 나는 자족하기를 배웠노니 나는 비천에 처할 줄도 알고 풍부에 처할 줄도 알아 모든 일 곧 배부름과 배고픔과 풍부와 궁핍에도 처할 줄 아는 일체의 비결을 배웠노라."

위의 문맥을 참조해 보면, 13절에서 바울이 말한 '모든 것을 할 수 있는 능력'의 뜻은 풍부하고 배부를 때에도 교만하지 않을 수 있는 능력과 비천하고 배고프고 궁핍할 때에도 불평하지 않을 수 있는 능력을 의미한다.

총신대학교 박태현 교수의 글에 문맥과 관련한 로이드 존스(Martin Lloyd Jones)의 말이 언급되어 있어 소개한다.

> 본문의 의미를 취급하는 일에서 황금률, 하나의 절대적인 요청이 있는데, 그것은 정직이다. 우리는 우리가 택한 본문에 정직해야 한다. 본문을 언제나 문맥 가운데서 다루어야 한다. 그것은 절대적인 법칙이다.[30]

'본문에 정직하다'는 것은 '본문의 전후 문맥을 잘 살핀 후에 성경을 해석해야 한다'는 말이다. 우리 또한 성경을 읽을 땐 문맥의 중요성을 꼭 기억하고 해석을 해야 한다. 이제 구체적인 실례들을 하나씩 들어 보자.

01. 단어는 문장을 통해 진가를 발휘한다

'달란트'는 '재능'(Talent)인가?

성경의 '달란트 비유'에 대해 모르는 이는 아마도 없을 것이다. 하지만 이 유명한 비유에 등장하는 '달란트'가 무엇을 의미하는가에 대해서는 아는 이가 드물다. '달란트'의 헬라어 원어에서 유래된 영어 단어가 바로 'Talent'이다. 그러다 보니 '달란트'는 흔히 '재능' 혹은 '은사'로 많이 해석된다. 세계적인 학자들 가운데서도 그렇게 보는 이가 많다. TV에 나오는 '탤런트'(연예인)들을 보라. 그들은 정말 재능이 많고 재주가 출중한 사람들이다. 그러니 자연 '달란트'라 하면 으레 '재능'으로 생각하기 마련이다.

하지만 마태복음 25장 11-27절에 나오는 '달란트'는 '재능'이나 '은사'를 뜻하지 않는다는 데 문제가 있다. 우선, 달란트의 헬라어 원어가 '재능'을 의미하지 않기 때문에 그렇다. 원어로 '달란트'는 '탈란톤'(τάλαντον)이다. 달란트는 원래 무게를 재는 단위였지만, 금과 은을 저울로 달아 화폐처럼 통용하다 보니 나중에는 무게와 화폐 단위 두 가지로 다 사용되었다.

본 비유에서 달란트는 화폐 단위를 의미하는데, 노동자의 하루 품삯인 데나리온으로 따지면 한 달란트는 6천 데나리온에 해당된다. 계산법에 따라 다소 차이가 있긴 하지만, 일반적으로 노동자가 16년 동안 일해서 번 돈의 액수인 약 4억 2천만 원의 가치에 해당된다고 볼 수 있다. 주인이 먼 곳으로 가면서 청지기들에게 장사를 해서 이윤을 남기라고 장사 밑천으로 현금을 나눠 준 것이다. 한 달란트를 받은 사람이 결코 적은 액수를 받은 것이 아니라는 말이다.

다음으로, 마태복음 25장 14-15절 내용이 달란트가 결코 재능이 될 수 없음을 잘 보여 주기 때문에 그렇기도 하다. 주인이 세 명의 청지기에게 장사 밑천을 나눠 줄 때는 아무렇게나 그리한 것이 아님에 주목하라. 조건이 하나 있다. 그것은 "각각 그 재능대로"(마 25:15a)이다. 이때 '재능'으로 번역된 헬라어 단어 '두나미스'(δύναμις)는 '재능' 또는 '능력'(ability)을 뜻한다. 각기 재능에 따라 어떤 이에게는 다섯 달란트, 어떤 이에게는 두 달란트, 어떤 이에게는 한 달란트를 준 것이다. 능력만으로는 장사를 할 수 없기 때문에 주인은 청지기들에게 현금을 준 것이다. '각각 그 재능대로' '재능을 나눠 줬다'고 하면 말이 되겠는가?

그렇다면 본 비유에서 말하는 '달란트'는 무엇을 의미하는 것일까? 굳이 이야기해 보자면, 15절에서 말하는 '재능'은 '선천적으로 주어진 것' 그리고 '달란트'는 '후천적으로 주어지는 것'으로 설명할 수 있을 것이다. 장사를 함에 있어서 선천적으로 타고난 것만으로는 부족하다. 후천적으로 주어지는 것들과 합해져야 우리의 주인 되신 하나님과 그분의 나라를 위해 최선의 결과를 남길 수 있다.

그렇다면 본 비유에서 한 달란트 받은 청지기가 한 달란트 그대로를 주인에게 가져왔다가 저주와 심판을 선고받은 이유가 무엇일까? 주인에 대한 오해와 착각 때문이다. 바로 '비교의식'을 말한다. 누구는 다섯 주고 누구는 둘 주면서 자기는 왜 하나밖에 주지 않았냐 하면서 주인을 위해 일하지 않은 것이다. 사람을 차별화하는 불공평한 주인을 위해 이윤을 남길 마음이 조금도 없었던 것이다.

그러나 주인은 지극히 공평하다. 각기 그 재능과 능력에 따라 나눠 줬기 때문이다. 만일 다섯 달란트를 남길 재능이 있는 사람에게 한 달란트를 준다면 어찌 되겠는가? 엄청난 손해가 될 것이다. 그럼 한 달란트만 남길 재능이 있는 사람에게 다섯 달란트를 준다면 어떻게 될 것인가? 그 자체로 저주가 될 것이다.

여기서 우리는 두 달란트 받아 두 달란트를 남긴 청지기를 눈여겨볼 필요가 있다. 그가 만일 한 달란트 받은 청지기와 똑같은 생각을 가졌더라면 결코 배나 남길 수 없었을 것이다. 그는 주인이 자신의 재능에 적합한 최대의 것으로 나눠 줬음을 믿고 감사하는 마음으로 최선을 다해 주인이 기대한 이윤을 남긴 것이다. 한 달란트 받은 청지기의 불평은 두 달란트 받은 청지기에 의해 가로막힌다는 사실이 흥미롭지 않은가.

반칠환 시인이 쓴 <새해 첫 기적>이라는 시가 있다. 이 시를 처음 읽는 순간 마태복음 25장에 나오는 달란트 비유의 메시지와 너무도 흡사해서 꽤 많이 놀랐던 기억이 난다.

<새해 첫 기적>

황새는 날아서

말은 뛰어서

거북이는 걸어서

달팽이는 기어서

굼벵이는 굴렀는데

한날한시 새해 첫날에 도착했다

바위는 앉은 채로 도착해 있었다[31]

이 시는 해석이 쉬울 것 같지만 결코 쉽지 않은 내용으로 되어 있다. 이 시를 해석해 보라 하면 각기 다른 반응이 나옴을 볼 수 있다. 하지만 시의 내용을 잘 들여다보면 시인의 의도를 제대로 파악할 수 있으리라 본다.

여기서 우리는 황새나 말이나 거북이나 달팽이나 굼벵이가 최선을 다해 열심히 가는 모습을 본다. 만일 이것을 '거리'라는 관점으로 본다면 황새가 가장 멀리 날아갔을 것이고, 맨 밑에 나오는 바위는 아예 한 일이 없는 놈팡이로 보일 수 있다. 그러나 이 시는 거리의 관점으로 봐서는 안 되고 일단은 '시간'의 관점으로 봐야 한다. 각기 열심히 움직였는데 모두가 새해 첫날을 맞았다. 가만히 앉아 있었던 바위에게도 첫날이 왔다는 사실을 놓치지 말아야 한다.

이 시의 힌트는 맨 마지막 연에 있다. 바위를 다른 것들과는 달리 한 칸을 띄운 채 맨 나중에 위치해 둔 저자의 의도가 무엇인지를 신경 써야 한다. 주님이 다섯 달란트 남긴 사람과 두 달란트 남긴 사람을 똑같이 칭찬하신 이유와도 같음을 기억해야 한다. 이것은 각자의 재능과 사명이 다 다름을 보여 주는 것이다. 황새, 말, 거북이, 달팽이, 굼벵이 그리고 바위는 저마다 타고난 재능과 역할이 있다. 황새는 날아야 하고, 말은 뛰어야 하고, 거북이는 걸어야 하고, 달팽이는 기어야 하고, 굼벵이는 굴러야 하고, 바위는 듬직하게 그 자리에 위치해야 하는 게 정상이다. 거북이가 황새처럼 날려 하거나 말처럼 뛰려 한다면 그것은 격에 맞지 않는다. 황새가 굼벵이처럼 기려 한다면 어떻게 되겠는가? 매일, 1년 내내 황새든 말이든 거북이든 달팽이든 굼벵이든 바위든 각기 자신이 맡은 일에 최선을 다한 것이다. 괜히 남과 비교해서 주눅이 들거나 기죽을 이유가 없다. 남보다 덜 남겼다고 죄책감을 가질 필요도 없다.

장사 밑천을 줄 때는 각기 그 재능에 따라 달리 줬는데, 나중에 결산할 때는 두 달란트를 남긴 사람이나 그의 두 배 반을 남긴 사람에게 토씨 하나 틀리지 않은 똑같은 칭찬을 했다. 이게 바로 하나님이 말씀하시는 공평임을 아는가? 우리 생각처럼 똑같이 받아야 공평이 아니다. 달리 받았다고 불평해서는 안 된다. 하나밖에 남길 수 없는 재능을 가졌음에도 두 달란트나 다섯 달란트를 원하면 어떻게 되겠는가? 그랬다가 결산할 때 두 배 이상 남기지 못하면 오히려 큰 저주가 되고 말 것 아니겠는가? 그래서 한 달란트라도 받았다면 그것을 주신 하나님께 감사하면서 최선을 다해 주인을 위해 남기는 삶을 살아야 한다.

세상에 같은 사람은 없다. 저마다 다 달리 태어난다. 혈액형, 취미, 습관, 특기, 성격 모두 다르게 태어난다. 황새는 날 수 있게 태어나고, 말은 뛸 수 있게 태어나고, 거북이는 걸어갈 수 있게 태어나고, 달팽이는 기어갈 수 있게 태어나고, 굼벵이는 굴러가게 태어나고, 바위는 꿈쩍도 않고 제자리를 지키게 태어난 것이다. 거리로 보면 황새만큼 가지 못한 말과 거북이와 달팽이와 굼벵이는 기죽지 않겠는가? 바위는 또 어떤가? 기죽을 정도가 아니라 아예 죽고 싶을 것이다. 한 걸음도 걷지 못했으니 말이다. 하지만 그게 바위에게 부여된 사명이다. 바위는 처음부터 그 자리를 굳게 지키고 서 있는 것이다.

거리로 환산하면 황새 말고는 다 상처 입지 않겠는가? 하지만 시인은 거리에 우리의 시선을 집중시키지 않는다. "한날한시 새해 첫날에 도착했다." '거리'가 아니라 '때'를 말하고 있다. 어떤 사명을 가졌든, 얼마나 많이 벌고 잘 살았든 간에 그보다 중요한 것은 모두가 새해 첫날에 도착했다는 점에 방점이 찍혀 있다. 모두가 새해 첫날을 맞았다는 것이다. 새해를 맞기까지 황새를 포함해서 바위까지 모두가 각기 제 위치에서 최선을 다해 잘 살았다는 말이다.

달란트 비유에서도 마찬가지다. 주인은 누가 많이 남겼는지를 보지 않고 얼마나 최선을 다해서 남겼는지를 보았다. 그래서 두 달란트 남긴 청지기나 다섯 달란트 남긴 청지기나 결산 때는 모두가 똑같은 칭찬을 받았다. 한 달란트 받은 청지기도 주인이 자신의 역량에 적절한 최고의 것을 주었다는 사실을 분명히 자각하고 열심히 수고했더라면 배나 남겼을 것이고, 그랬다면 나머지 두 명과 조금도 차이 없는 주인의 칭찬과 상급을 받았을 것이다.

이것이 바로 하나님의 공평이다. 저 사람은 틀리다고, 남들이 나보다 더 나아 보인다고 속지 말라. 틀린 게 아니라 다를 뿐이다. 사람이 다른데 당연히 달라야 하지 않겠는가? 하지만 아무리 달라도 똑같은 새벽과 낮과 밤을 맞을 것이다. 그리고 인생을 마감하는 날, 주님이 재림하시는 날, 모든 것을 결산하는 날 그분은 우리가 남보다 얼마만큼 더 많은 거리를 달렸는지, 얼마만큼 영적으로 풍성한 열매를 맺었는지 보지 않고 얼마만큼 맡은 사명에 충실했는지를 보실 것이다.

오늘 교회 안에 남과 자신을 비교하다가 상처를 입거나 시험에 드는 사람들이 너무도 많다. '다른 사람은 나보다 얼마나 더 가졌나?' '다른 이들은 나보다 얼마나 더 뛰어난가?' 이런 비교의식의 눈으로 보지 말고, 그것이 크든 작든 하나님이 주신 나만의 사명이라면 거기에 내 모든 것을 걸어야 한다. 그럴 때 똑같은 칭찬과 상급으로 우리에게 갚아 주실 것이다.

우리의 결산의 날이 점점 더 가까워지고 있다. 주인이 다시 오셨을 때 어떤 평가를 받아야 하겠는가? 거북이라고 기죽지 말라. 굼벵이라고 불평하지 말라. 바위라고 절망에 빠지지 말기 바란다. 대신 자신의 사명만 보고 그 사명을 주신 하나님께 감사하면서 최선을 다해 그분께 영광만 돌리는 복된 인생이 되면 좋겠다.

02. 비유에도 논리가 있다

겨자씨 한 알만큼 작은 믿음만 있어도 되는가?

마태복음 17장 20절에 이런 말씀이 있다.

> "이르시되 너희 믿음이 작은 까닭이니라 진실로 너희에게 이르노니 만일 너희에게 믿음이 겨자씨 한 알만큼만 있어도 이 산을 명하여 여기서 저기로 옮겨지라 하면 옮겨질 것이요 또 너희가 못할 것이 없으리라."

어릴 때부터 자주 들어 왔던 '겨자씨만큼 작은 믿음만 있어도 너희가 행하지 못할 일이 없으리라'라는 논리는 바로 이 구절에서 비롯된 것이다. 미국의 베스트셀러 작가인 체리 힐(Cherie Hill)은 자신의 저서 《내게 기대렴》(규장 역간)에서 다음과 같이 말했다.

> 하나는 분명하다. 예수님은 믿음이 있으면, 다시 말해 우리의 믿음이 하나님 안에 뿌리를 내렸다면 모든 것이 가능하다고 말씀하셨다. 또한 예수님은 '많은' 믿음이 필요치 않다고 분명히 말씀하셨다. 우리의 믿음이 문제에 비례할 필요는 없다. 산을 옮기려면 그 산만 한 믿음이 있어야 하는 게 아니

다. 겨자씨만 한 믿음만 있으면 된다. 중요한 것은 우리 믿음의 크기가 아니며, 예수님은 우리가 이 사실을 알기를 원하셨다.[32]

제라드 C. 윌슨 또한 다음과 같이 말했다.

예수님은 겨자씨 한 알만 한 믿음이면 산도 옮길 수 있다고 말씀하셨다(마 17:20). 그렇게 볼 때 우리를 구원하는 것은 우리 믿음의 크기나 강도가 아니라 믿음의 진정성이라는 얘기가 되고, 그렇기 때문에 우리의 죽은 마음이 예수님을 믿게 되는 건 우리의 힘으로가 아니라 성령이 복음을 통해 우리 안에 역사하셔야 가능하다는 얘기가 된다. 바울은 이 복음이 모든 믿는 자에게 구원을 주시는 하나님의 능력이라고 말했다(롬 1:16).[33]

윌슨이 '믿음의 크기나 강도가 우리를 구원하는 것은 아니다'라고 표현함을 보라. 이것은 본문을 완전히 무시하는 터무니없는 설명이다. 사실 이보다 비논리적이고 주님의 의도와 정면으로 배치되는 비성경적인 생각은 없다. 문제는 그럼에도 불구하고 대다수의 목회자나 성도들은 그러한 사실도 모른 채 말씀을 전하기도 하고 은혜를 받기도 한다는 점이다. 심지어 미국 최고의 신학교에서 신약학으로 박사 학위를 받은 이도 이 구절에 있어서 오류를 갖고 있음을 본다. 복음이 우리나라에 전파된 이후부터 지금까지 100년 이상의 세월이 흘렀음에도 이 잘못된 내용을 해석하고 가르침에 의문을 제기하거나 따지고 드는 사람이 없다는 사실이 너무도 안타깝다.

고등학교 시절 무렵, 누구나가 상식으로 알고 있던 이 논리에 정면으로 의문을 제기한 바 있다. 본문에 나오는 예수님의 대답 때문이다. 예수님이 안 계실 때 한 사람이 간질병으로 고생 중이던 아들을 제자들에게 데려와서 고쳐 달라고 요청한 적이 있다. 제자들은 애써 봤지만 고칠 수가 없었다. 그러다가 주님이 오시자 그 사람은 주님께 아들을 고쳐 주실 것을 간청하게 됐는데, 제자들과는 달리 주님은 단번에 그 아들의 간질병을 고쳐 주셨다.

이를 지켜본 제자들은 주님께 왜 자기네는 고칠 수 없었는지를 여쭈었다. 이에 대한 대답이 본문을 푸는 열쇠가 된다. 20절 초두에 그 해답이 들어 있다. "이르시되 너희 믿음이 작은 까닭이니라." 제자들과 예수님의 차이가 무엇이라고 말씀하셨는가? 원문을 보면 제자들이 작은 믿음을 소유했기 때문에 병을 고칠 수 없었다고 주님은 말씀한다. 제자들의 믿음이 예수님처럼 크지 않고 작아서 간질병을 고칠 수 없었다는 말인데, 그럼에도 예수님이 제자들에게 겨자씨 한 알만큼 작은 믿음만 있으면 능력을 행할 수 있다고 매듭지음이 가당키나 한 말인지 한번 생각해 보라. 의사가 엑스레이를 보면서 환자의 문제가 무엇인지를 설명한 후 마지막에 처방전을 제시하지 않는가? 제자들의 믿음이 당신의 믿음처럼 크지 않고 작았기 때문에 병을 고칠 수 없었다고 문제를 지적하신 예수님이 겨자씨 한 알만큼 작은 믿음만 있으면 된다는 내용의 처방전을 제시하시는 게 말이 되느냐는 말이다.

제자들과 예수님의 차이가 본문에 너무나도 선명하게 기록되어 있음에도 '겨자씨만큼 작은 믿음만 있으면'이라는 말도 안 되는 엉터리 발상이 어떻게 해서 나오게 되었는지 궁금하다. 이 말도 안 되는 생각이 상식처럼 퍼지게 된 데에는 예수님이 비유로 사용하신 '겨자씨'가 큰 역할을 했음을 숨길 수 없다. 겨자씨가 매우 작기 때문이다. 그 결과 잘못된 번역까지 나오게 된 것이다. '겨자씨 한 알만큼만 있어도' 혹은 '겨자씨 한 알만큼 작은 믿음만 있어도'라는 번역과 조건 말이다. 겨자씨가 큰 것이라면 결코 이런 잘못된 해석이 나올 수 없었을 것이다.

그렇다면 예수님이 겨자씨를 사용하신 이유가 무엇인가? 이것을 살펴보기에 앞서 한 가지 짚고 넘어갈 것이 있다. 이스라엘에 가 보면 겨자씨보다 더 작은 씨가 존재함을 알 수 있다. 그것은 바로 '담배나무 씨'라는 것이다. 성지 순례를 다녀온 사람들이 현지에서 사 온 겨자씨라며 성도들에게 즐겨 보여 주는 아주 작은 씨가 하나 있는데, 그게 바로 담배나무 씨다. 겨자씨는 그보다 수십 배는 더 크다. 그러면 '왜 예수님은 겨자씨보다 더 작은 씨가 있었음에도 그것을 사용하지 않고 겨자씨를 사용해서 교훈을 남기셨을까?'라는 질문이 나올 법하다. 최근 이스라엘에서 30년을 살다 온 선교사를 통해서 그 궁금증이 시원스레 해소한 바 있다. 겨자씨에 비해 턱없이 작은 담배나무 씨가 이스라엘에 심겨진 지가 불과 200년 정도밖에 되지 않았기에 예수님 당시에는 그 씨가 없었다고 한다.

당시 겨자씨는 이스라엘에서 가장 작은 씨였는데, 그것이 심겨져서 자라면 새들이 깃들 정도로 사람 키보다 더 크게 자랐다고 한다. 손바닥에 겨자씨 한 알을 놓고 보면 그 크기가 작기 때문에 누구나 다 하찮게 생각할 수 있다. 하지만 그 한 알 속에는 다 자랐을 때 새들이 깃들고 사람 키보다 더 커질 정도의 엄청난 잠재력과 무한한 가능성, 그리고 최고 양질의 내용물이 들어 있음을 놓쳐서는 안 된다.

겨자는 나무가 아니라 풀과의 식물이다. 그럼에도 겨자를 나무라고 표현하신 의도 또한 바로 그 엄청난 '잠재력'과 '확장력'과 '성장력' 때문이다. 이것은 복음의 씨앗이 자라서 때가 차매 하나님 나라가 확장되어 온 세상으로부터 많은 사람이 천국 백성이 될 것임을 암시하는 내용이다(겔 31:5-6).

전성민 교수는 자신의 책 《세계관적 설교》(성서유니온)에서 다음과 같이 말한다.

> 예수님의 초라함에 실족하는 사람들은 겨자씨 비유의 중요한 부분을 놓치기 쉽습니다(마 13:31). 겨자씨 비유를 이해할 때, 우리는 겨자씨가 커진다는 데 주목합니다. 그러나 천국은 그 시작이 겨자씨 한 알처럼 작습니다. 이 작음을 철저히 실감나게 느껴야 그 자란 후의 모습에 놀랄 것입니다. 누룩도 눈에 안 보입니다(마 13:32). 진짜 미미하기 때문이지요. 여기 천국의 비밀이 있습니다. 천국이 이렇게 작기에 그것을 천국으로 알아보는 자가 적습니다.[34]

전 교수의 말대로 우리는 겨자씨가 폭발적으로 자라서 커진다는 점에도 관심을 가져야겠지만, 겨자씨의 출발이 작다는 것에 대해서도 눈여겨봐야 한다. 하나님 나라의 시작은 겨자씨처럼 작지만, 시간이 흘러가면 상상하지 못할 정도로 커짐에 놀라야 정상이다. 이것이 바로 하나님 나라가 보여 주는 신비다. 때문에 예수님의 의도와 문맥의 자연스러운 흐름을 살려서 제대로 번역하면 다음과 같다. "만일 너희가 겨자씨 한 알과 같은 (엄청난 잠재력과 무한한 가능성과 최고 양질의) 믿음(호스 코코 시나페오스[ώς κόκκον σινάπεως])을 소유했다면 이 산을 명하여 여기서 저기로 옮겨지라 하면 옮겨질 것이요 또 너희가 못할 것이 없으리라."

여기에 크기를 의미하는 '만큼'이라는 내용의 단어는 존재하지 않는다. '같은'(as)을 의미하는 헬라어 '호스'(ώς)가 사용됐을 뿐이다. 예수님이 제자들에게 그들과 당신의 차이점이 무엇인지 그 이유를 설명하신 유일한 대답이 바로 이 내용이다.

이제 정리해 보자. 복음서에 나타난 예수님과 제자들의 모습을 보면 제자들에게는 언제나 '믿음 부족'("믿음이 작은 자들아")의 문제가 제기됨을 볼 수 있다(마 6:30, 8:26, 14:31, 16:8, 17:20; 눅 12:28). 그래서 누가복음 17장 5절에서 제자들은 "우리에게 믿음을 더하소서"라고 반응한 것이다. 작은 믿음으로는 아무것도 행할 수 없다. '큰 믿음', '이만한 믿음'(마 8:10; 눅 7:9)이라야 된다고 주님은 말씀하신다.

오늘 우리의 믿음은 어떤 믿음인가? 예수님처럼 하나님과 그분의 말씀을 확실하고 굳게 신뢰하는 강하고 큰 믿음인가, 아니면 제자들처럼 늘 의심하고 염려하고 두려움에 사로잡힌 작은 믿음인가?

03. 전후 문맥 사이에 있는 진리를 발견하라

성경은 좌파나 우파를 다 반대하는가?

좌와 우, 진보와 보수 간의 첨예한 대립이 우리처럼 심각한 나라가 또 있을까? 우리나라는 총선이나 대선 정국을 맞을 때마다 정치적인 갈등이 심각하게 발생한다. 가족지간에도 정치 색깔이 다를 땐 볼썽사나운 다툼이 벌어지곤 한다. 같은 교회 안에서도 좌파냐, 우파냐에 따라 양분화되는 모습을 볼 수 있다.

몇 달간 혼란스럽던 대선이 끝나고 마침내 대통령이 선출됐다. 선거를 코앞에 둔 중차대한 정국에 설교자들은 과연 어떤 편에 서서, 어떤 내용의 설교를 해야 할 것인지 고민이 많았을 것이다. 호남 출신의 보수 목사가 호남이 고향인 성도들이 절대다수인 교회에서 좌파 정권을 비판하는 설교를 했다가 상당수의 교인들이 교회를 옮겼다는 이야기를 들었다. 그런가 하면 보수 색깔의 성도들이 압도적 다수인 영남의 모 교회 담임이 좌파 정권을 비호하는 설교를 했다가 장로들의 거센 반발을 산 경우도 알고 있다. 이쯤 되면 정치적 이슈가 많고 성도들의 최고의 관심사가 정치인 상황에서 설교자들은 어떻게 설교해야 할 것인지 망설이고 고민하게 된다. 이럴 때 인용하기 좋은 성경 구절이 하나 있으니 바로 여호수아

1장 7절의 말씀이다.

> "오직 강하고 극히 담대하여 나의 종 모세가 네게 명령한 그 율법을 다 지켜 행하고 우로나 좌로나 치우치지 말라"(수 1:7).

여기 '우로나 좌로나 치우치지 말라'는 내용을 '정치적으로 우파나 좌파 중 어느 쪽으로도 치우치지 말라'는 뜻으로 해석하는 이들이 적지 않다. 그게 맞는다면 정말 정치적으로 어떤 위치에 서야 하는지에 대한 최적의 성구라 할 수 있겠다. 하지만 본문의 전후 문맥을 참조해서 살펴보면 이 구절은 정치적인 좌파와 우파와는 전혀 상관없는 내용임을 알 수 있다.

> "오직 강하고 극히 담대하여 나의 종 모세가 네게 명령한 그 율법을 다 지켜 행하고 우로나 좌로나 치우치지 말라 그리하면 어디로 가든지 형통하리니 이 율법책을 네 입에서 떠나지 말게 하며 주야로 그것을 묵상하여 그 안에 기록된 대로 다 지켜 행하라 그리하면 네 길이 평탄하게 될 것이며 네가 형통하리라"(수 1:7-8).

이것을 문맥에 맞게 번역하면 다음과 같다. "오직 강하고 극히 담대하여 나의 종 모세가 네게 명령한 그 율법을 다 지켜 행하고 그것으로부터 우측으로나 좌측으로나 돌아서지 말라 그리하면 어디로 가든지 형통하리니 이 율법책을 네 입에서 떠나지 말게 하며 주야로 그것을 묵상하여 그 안에 기록된 대로 다 지켜 행하라 그리하면 네 길이 평탄하게 될 것이며 네가 형통하리라."

여기서 '율법책'은 '하나님의 말씀'이다. 본문의 정확한 뜻은 '하나님의 말씀으로부터 돌아서서 조금이라도 곁길로 가지 말고 언제나 그 안에 머물러 있으라'는 것이다. 하나님의 말씀을 기준으로 거기서 벗어나 좌로나 우로나 치우치지 말라는 뜻이다. 다시 말해서, 목표를 하나님과 그분의 진리 말씀으로 정했으면 한눈팔지 말고, 말씀을 떠나 곁길로 빠지지도 말고 곧이곧대로 말씀이 가르치는 대로만 따라가라는 뜻이다. 성경 안에서 구체적인 실례를 살펴보면 레위기 18장 3-4절을 참조할 수 있다.

> "너희는 너희가 거주하던 애굽 땅의 풍속을 따르지 말며 내가 너희를 인도할 가나안 땅의 풍속과 규례도 행하지 말고 너희는 내 법도를 따르며 내 규례를 지켜 그대로 행하라 나는 너희의 하나님 여호와이니라."

여기서 400년 동안 몸에 배었을 '애굽 사람들의 풍속'과 '가나안 사람들의 풍속과 규례'가 '좌'와 '우'가 될 수 있다. 이것은 정치적인 좌익과 우익과는 전혀 상관이 없는 말이다.

하나님의 말씀이라는 정도에서 벗어나는 것은 모두 '좌'와 '우', 즉 한쪽으로 치우치는 것이 된다. 창세기 3장에서 사탄의 왜곡된 말에 귀를 기울이다가 선악과를 따 먹어 하나님과의 관계가 멀어지고 죄가 들어와 사망의 저주를 받게 된 아담과 하와의 행동은 보다 구체적인 실례가 될 수 있을 것이다.

세상 모든 가치는 다 한계가 있고 변한다. 아무리 뛰어난 사람들의 지혜도 세월의 흐름과 함께 변화되고 만다. 이런 세상에서 인생을 소중히 살려면 무엇을 표준으로 삼아야 할까? 이사야 선지자의 말처럼 '풀은 마르고 꽃은 시든다'(사 40:8). 그러므로 영원히 서 있는 하나님의 말씀 외에 그 어떤 것도 우리 인생의 지침이 될 수는 없다. 정녕 '주의 말씀이 우리 발의 등이요 우리 길의 빛이다'(시 119:105). 다른 것에서 해답을 찾으려 이곳저곳을 기웃거리거나 좌로나 우로나 치우쳐서는 안 된다. 오직 하나님의 말씀이요, 우리 신앙생활의 표준인 성경을 따라 사는 것, 그것이 가장 안전한 길이다. 하나님의 말씀만을 신뢰하고 따르고 순종함으로 그분이 기뻐하시는 열매만 주렁주렁 맺히면 좋겠다.

7절만 보면 거기서 말하는 '우'나 '좌'가 무엇인지 제대로 알 수 없으나, 바로 다음 절인 8절을 참조해 보면 정확한 의미를 파악할 수 있다. 하나님의 말씀을 뜻하는 '율법책'을 기준으로 거기서 조금도 벗어나지 말고 정로를 추구하라는 의미임을 알 수 있다.

문맥을 고려한다는 것은 이만큼 중요한 일이다. 특별히 하나님의 말씀을 곡해하지 않고 정확하게 그 의미를 잡아내기 위해서는 반드시 전후 문맥을 세밀히 살펴야 함이 필수적이다.

04. 다양한 역본을 통해 바른 뜻을 전달하라

'서원'이나 '맹세'에 대한 잘못된 가르침이 가져다준 폐단

유학 당시 시카고에서 교육 목사로 6년간, 박사 논문을 쓸 당시 LA에서 담임목사로 2년간 사역한 적이 있다. 그때 이민 교회들이 미국 교회를 빌려서 예배드리는 경우를 많이 지켜봤다. 한 달에 몇 백 달러씩 주고 주일날 좋은 시간대는 미국 본교회에 양보하고 오전의 불편한 시간이나 오후 시간에 주일 예배를 드리는 개척 한인 교회들이 대부분이었다. 대다수의 한인 교회들이 그렇게 셋방살이로 시작하지만, 몇 년이 지난 후에는 주객이 전도되어 미국 본교회의 교인 수보다 더 많아질 정도로 큰 부흥을 이루는 교회들이 종종 나타난다.

한국 교회의 끈질긴 부흥의 모습에 미국 교회들은 적잖이 놀라워했다. 그 비결이 무엇인지를 조사하거나 연구해 보기도 했는데, 그 결과 '새벽 기도'와 '철야 기도'가 한국 교회 부흥의 특별한 원인이라는 분석이 나왔다. 그들이 볼 때 이것은 경이에 가까운 일이었다. 그들은 특히 한국 교인들의 기도 모습을 관찰하기 시작했는데, 다른 나라 교인들과는 다른 독특한 기도 모습에 깜짝 놀랐다. 바로 '통성 기도'인데, 특히 '주여 삼창'이 그들이 보기에 아주 인상적이었던 것 같다. 때문에 당시 일부의 미국 교회가 한국산 '주여 삼창'을 따라한 적이 있었다. 자기네 식의 "Lord! Lord! Lord!"가 아니라 순우리말로 "주여! 주여! 주여!"로 말이다. 그 모습을 우연히 지켜본 적이 있었는데, 한국인으로서의 뿌듯함과 자부심을 가지게 된 아주 감동적인 순간이었다.

여기서 유머러스한 질문을 하나 던져 본다. 왜 '주여 이창'도 '주여 사창'도 아닌 '주여 삼창'을 해야만 하는가라는 것이다. 해답은 마태복음 7장 21절에 있다. "나더러 주여 주여 하는 자마다 다 천국에 들어갈 것이 아니요." '주여 주여', 즉 '주여 이창' 가지고는 안 된다고 되어 있음이 보이는가? 물론 우스갯소리다.

내친 김에 하나 더 살펴보자. 마태복음 5장 37절에 이런 말씀이 나온다. "오직 너희 말은 옳다 옳다, 아니라 아니라 하라 이에서 지나는 것은 악으로부터 나느니라." 이것도 비슷한 질문을 제기할 수 있는 내용이다. 왜 '옳다 옳다' 혹은 '아니라 아니라' 두 번을 말해야 하는지 말이다. 한 번이나 세 번을 말하면 안 되느냐 말이다.

다른 역본을 살펴보자. "너희는 예 할 때에는 예라는 말만 하고, 아니오 할 때에는 아니오라는 말만 하여라. 이보다 지나친 것은 악에서 나오는 것이다"(표준새번역). "너희는 그저 '예' 할 것은 '예' 하고 '아니오' 할 것은 '아니오'만 하여라. 그 이상의 말은 악에서 나오는 것이다"(공동번역).

개역한글과 개역개정 성경만 혼돈스럽게 번역했고, 표준새번역과 공동번역은 저자의 의도를 살려서 독자들이 헷갈리지 않게 제대로 잘 번역했다. 성경을 개정했음에도 아쉬운 번역들이 너무 많음에 지칠 지경이다.

마태복음 5장 37절을 저자의 의도를 좀 더 구체적으로 잘 살려 설명해 보면, 이는 어떤 사안에 대해서 옳으면 옳다, 아니면 아니라고만 하지, 덧붙여 맹세하거나 서원하지는 말라는 말이다. 예를 들면, "이 문제는 내가 볼 때 옳은 게 틀림없어! 하늘에 맹세할 수 있어. 만일 아니라면 내 손에 장을 지지겠어!" 혹은 "저 사안은 분명히 틀린 거야. 예루살렘을 두고 맹세해. 만일 저게 틀리지 않고 옳다면 내 성을 갈겠어!" 이런 식으로 하지 말라는 것이다. 제일 이해하기 쉬운 말로 해 보면 다음과 같다. "'기면 기고 아니면 아니라'고만 말해라. 그에 덧붙여 맹세하거나 서원하지는 말라."

신학교 교수로서 이런 질문을 많이 받는다. "교수님, 하나님이 원하시지 않는 맹세를 했다 해도 반드시 지켜야 하나요?" 정답을 스스로 쥐고 있으면서도 교수에게 질문하는 이들이 많다. '하나님이 원하시지 않는 맹세'인지 아닌지를 알기 어렵다는 게 문제이긴 하지만, 그분이 원하시지 않는 맹세가 틀림없다면 인간이 자신의 무지나 지나친 열심으로 오버해서 잘못 맹세했으니 하나님께 회개하고 지키지 않으면 된다. 우리 하나님을 이상한 분으로 만들지 말라.

그렇다면 앞에서 언급한 마태복음 5장 37절의 이전 문맥이 무엇인지 아는가? 그 내용은 다음과 같다. 바로 이 흐름 속에 '기면 기고 아니면 아니지, 거기에 덧붙여 맹세하지 말라'고 하신 것이다.

"또 옛사람에게 말한 바 헛 맹세를 하지 말고 네 맹세한 것을 주께 지키라 하였다는 것을 너희가 들었으나 나는 너희에게 이르노니 도무지 맹세하지 말지니 하늘로도 하지 말라 이는 하나님의 보좌임이요 땅으로도 하지 말라 이는 하나님의 발등상임이요 예루살렘으로도 하지 말라 이는 큰 임금의 성임이요 네 머리로도 하지 말라 이는 네가 한 터럭도 희고 검게 할 수 없음이라"(마 5:33-36).

그러면 주님의 말씀의 뜻은 우리더러 절대 맹세하지 말라는 것인가? 그건 아니다. 당시의 상황과 문맥의 흐름을 보면 이스라엘 백성이 지키지도 않을 헛맹세를 하도 해대니 그들의 맹세 자체에 질려 버리신 것이다. 때문에 그런 헛맹세를 하려면 아예 하지 말라고 하신 것이다. 성령이 역사하셔서 하나님께 영광이 되고 교회에 유익을 끼치는, 제대로 된 맹세까지 부정하신 것이 아님을 알아야 한다.

내가 어린 시절에는 교회 안에서 많은 서원과 맹세가 이루어졌다. "목사로, 선교사로, 혹은 사모로 서원합니다!"라든가 "논문서, 땅문서, 집문서 바칠 것을 맹세합니다!" 하며 하나님 앞에 헌신한 아버지 연배의 분들이나 동료 및 선후배들을 참 많이 봤다. 그들은 모두가 한결같이 서원하고 맹세하고 기도한 대로 그 길을 가고 있고, 자신의 삶을 그대로 바쳐왔음을 두 눈으로 확인해 왔다. 나 역시 젊은 시절 주의 종으로 헌신했다가 지금 목사와 교수로 사역하고 있음이 사실이고 말이다.

그런데 요즘 한국 교회 안에서는 이런 긍정적인 서원이나 맹세 자체가 아예 사라지고 없다. 왜 그리된 것일까? 일차적으로는 설교하는 목회자들의 문제다. 신약에서 예수님이 서원하거나 맹세하지 말라 하셨다고만 가르치기에 일어나는 현상이다. 신학교에서 예수님 말씀의 의도를 제대로 가르쳤어야 하는데, 그러질 못하다 보니 그런 일들이 벌어진다. 오늘 한국 교회 목회자들은 평신도를 병신도(?)로 만들어 놓고 말았다. '평신도'라는 호칭부터가 문제가 많다. '특별한 직책을 가진 이들'이라 생각하는 교역자들과 구별해서 '평범한 신도'라는 뜻으로 누군가가 만든 것 같은데, 하나님의 자녀가 된 이상 평신도는 존재하지 않는다. '특신도'만 있을 뿐이다. 교회 안에서 이런 호칭부터 없애야 한다. 하나님 나라가 교역자들만의 전유물은 아니지 않은가? 성령이 마음속에 헌신하라는 뜨거운 마음을 주심에도 불구하고 잘못 서원하면 큰일 난다거나 맹세해놓고 못 지키면 화가 있지는 않을까라는 생각에 헌신을 결단하지 못하는 것이다. 그것만큼 하나님 나라와 교회에 손해되는 일은 없다.

우리는 성경을 제대로 이해해야 한다. 목회자부터 성경의 실력을 키워야 한다. 신학교는 성경을 통전적으로 문맥의 흐름에 따라 제대로 잘 가르쳐야 할 책임이 있다. 교회 내에서 성경 공부가 시들해지고, 기도원을 찾는 이가 줄어들고, 신학교에 입학하는 이들이 감소하는 이 상황에서 어느 때보다 올바른 성경의 가르침이 절실하다. 목회자들이 전하는 강력한 말씀 선포에 감동을 받고 하나님의 뜻에 따라 서원하고 맹세한 것을 지켜 열매 맺는 새로운 신앙 부흥 운동의 역사가 다시 한 번 한국 강단에 뜨겁게 불붙기를 강렬히 소망한다.

05. 같은 표현도 다른 의미로 사용될 수 있다

바울의 '행위'와 야고보의 '행함'은 모순인가?

'모순'(矛盾)이라는 단어가 있다. 이것은 다음과 같은 이야기에서 유래된 것이다. 초나라에 무기를 파는 상인이 있었다. 그 상인은 한쪽에 있는 창을 들어 보이며 그 어떤 방패도 뚫을 수 있는 창이라고 선전했고, 다른 한쪽에 있는 방패를 들어 보이며 그 어떤 창도 막아 낼 수 있는 방패라고 선전했다. 그때 그 모습을 본 명나라 왕의 신하 중 한 사람이 "당신이 그 어떤 방패도 뚫을 수 있다고 선전하는 창으로 그 어떤 창도 막아 낼 수 있다고 선전하는 방패를 찌르면 어떻게 됩니까?" 하고 질문을 던지자 상인은 아무 대답도 하지 못했다고 한다. 여기서 '모순'이라는 단어가 나왔다.

성경에는 모순되어 보이는 구절들이 적지 않다. 이는 성경을 읽는 이들로 하여금 적잖은 혼돈을 느끼게 한다. 이것들을 잘 정리해 주면 좋겠는데 명쾌한 설명이 많지 않으니 독자들이 성경 읽기에 부담을 갖게 된다. 이 장에서는 성경에서 모순되어 보이는 이슈들 중 독자들에게 가장 큰 혼란을 가져다준 한 가지 주제에 관해서 살펴보고자 한다.

바울은 로마서 4장 2절에서 다음과 같이 말했다.

"만일 아브라함이 행위로써 의롭다 하심을 받았으면 자랑할 것이 있으려니와 하나님 앞에서는 없느니라."

그런가 하면 야고보는 야고보서 2장 21절에서 이렇게 말했다.

"우리 조상 아브라함이 그 아들 이삭을 제단에 바칠 때에 행함으로 의롭다 하심을 받은 것이 아니냐."

두 사람의 이야기를 보면 완벽한 모순이다. 바울은 아브라함이 행함으로 의롭다 하심을 받은 것이 아니라고 한 반면, 야고보는 아브라함이 행함으로 의롭다 하심을 받은 것이라고 했다.

우리말로 번역된 성경은 바울에게는 '행위'로, 야고보에게는 '행함'으로 달리 번역했지만, 원문에서는 둘 다 헬라어로 '에르곤'(ἔργον)이라는 똑같은 단어가 사용되었다. 누가 봐도 두 사람 중 한 사람의 말이 틀려야지, 둘 다 맞을 수는 없는 내용이 틀림없다. 이럴 때 독자들은 절망을 경험한다.

이제 이 어렵고 복잡한 실타래를 하나씩 풀어 보자. 우선 바울과 야고보의 경우에는 그들의 편지를 받는 대상이 누구인지를 참조해야 오해가 없다. 바울은 '갓 신앙생활을 한 새신자와 율법을 지켜서 구원받는다고 생각하는 소수의 독자들'을 대상으로 로마서를 기록한 반면, 야고보는 '외모로 성도들을 대하면서 차별화하거나 행함이 아닌 말로만 신앙생활하는 기존 성도들'을 대상으로 야고보서를 기록했다. 서로 다른 정반대의 대상을 상대로 기록했기에 두 사람의 강조점 역시 달라지지 않을 수 없었음을 먼저 이해해야 한다.

나의 경우도 마찬가지다. 강의를 할 때 대상에 따라서 강조하는 바가 달라진다. 신학생과 부교역자들에게 강의할 때는 담임목사의 입장에서 생각해 그들을 존중해야 한다고 가르치고, 담임목사들에게 강의할 때는 부교역자들의 입장에 서서 그들을 사랑으로 대해야 한다고 가르치듯이 말이다.

다음으로는 '믿음의 정의'의 문제에서 두 사람의 내용을 구분해야 한다. 바울이 로마서에서 사용한 '믿음'이라는 단어는 '예수님을 그리스도로 믿는 믿음'의 개념인 반면, 야고보가 야고보서에서 사용한 '믿음'이라는 단어는 '하나님의 성품에 대한 믿음(신뢰)'이라는 개념으로 서로 차이가 있음을 알아야 한다.

마지막으로는 문맥과 신학의 문제로 따져 봐야 한다. 이 부분이 가장 실제적이고 구체적인 내용이 되겠다.

'행위'(행함)라는 단어에는 서로 상반된 개념이 있음을 알아야 한다. '구원의 수단으로서의 행위'는 바울이 부정적으로 비판했다. 그 행함으로는 구원받을 수 없다고 말이다. 그때의 '행위'는 '율법의 행위'를 말한다. 율법이 기초가 되어 개인의 공로와 자랑거리가 되는 행위 말이다.

그런가 하면 긍정적 의미의 '행위'가 있다. 이것은 '구원받은 자에게서 반드시 나타나야 할 행위'를 뜻한다. 이때 이 단어를 '율법의 행위'와 구분해서 '믿음의 행위'라고 한다. 하나님의 은혜에 의한 믿음이 기초가 되어 나타나는 자발적인 행위를 뜻하는 것이다. 이것은 개인의 자랑거리로서의 행함이 아니다. 전적인 하나님의 은혜로 주어지는 믿음과 신뢰에서 나오는 행함이므로 우리에게는 자랑할 여지가 전혀 없다.

그러면 지금까지의 선지식을 가지고 바울의 이야기와 야고보의 이야기를 다시 한 번 살펴보자.

> **"만일 아브라함이 [율법의] 행위로써 의롭다 하심을 받았으면 자랑할 것이 있으려니와 하나님 앞에서는 없느니라"**(롬 4:2).

쉽게 이해하도록 몇 마디를 덧붙이면 다음과 같다. "만일 아브라함이 [율법을 지킨] 행위로써 의롭다 하심을 받았으면 자랑할 것이 있으려니와 하나님 앞에서는 자랑할 것이 없느니라." 지당한 말씀이다. 율법의 행함은 구원의 조건이 될 수 없기 때문이다. 아브라함이 자신의 선한 행위로 의롭다 하심을 받은 것이 아니기 때문에 그에게는 자랑거리가 있을 수 없다는 말이다.

그런가 하면 야고보의 이야기를 들어 보자.

> **"우리 조상 아브라함이 그 아들 이삭을 제단에 바칠 때에 [믿음의] 행함으로 의롭다 하심을 받은 것이 아니냐"**(약 2:21).

이해를 쉽게 하기 위해 몇 마디를 첨가하면 다음과 같다. "우리 조상 아브라함이 그 아들 이삭을 제단에 바칠 때에 [하나님의 은혜가 기초 되어 믿음을 통해 자연스럽게 열매 맺는] 행위로 의롭다 하심을 받은 것이 아니냐." 개인의 선행으로 의롭다 하심을 받는 것은 절대 아니지만, 하나님의 역사하심과 개인의 전적 신뢰와 의존을 통해 나타나는 행위는 있어야 의인으로 카운트될 수 있는 것이 아니냐는 말이다. 하나님의 은혜로 말미암은 전적인 신뢰와 의존이 개인의 공로가 될 수는 없지 않겠는가? 신뢰와 의존은 자신의 부족과 결핍을 아는 자에게서만 가능한 것이다.

신뢰와 의존은 개인의 공로나 선행으로 카운트될 수 없기에 바울이 말한 로마서 4장 2절의 말씀을 뒤엎는 모순이 아님을 놓치지 말라. 다시 설명하자면, 아브라함은 아들을 바친 스스로의 선행으로 의롭다 하심을 간주 받은 것이 아니라, 하나님의 은혜가 역사하신 강력한 신뢰(믿음)와 행함으로 의롭다 하심을 받았다는 것이다. 하나님의 역사로 말미암은 신뢰요, 행함이기 때문에 아브라함 편에서는 자랑할 것이 전혀 없다.

신뢰에는 자신의 능력이나 선함이 절대 개입될 수 없다. 신뢰의 대상을 전적으로 의존하기 때문이다. 공로가 있다면 내게 있지 않고 하나님에게 있다. 야고보의 논지는, 의인은 하나님의 능력을 힘입어 그분을 신뢰하고 순종하는 행함으로 나아가야 마땅하지 않느냐는 것이다. 말로만의 섬김이나 사랑이 아니라 행함으로 열매 맺는 삶이 있어야 한다는 말이다.

이제 정리해 보자. 바울이 비판한 행위가 자신의 선함을 자랑하는 수단이라면, 야고보가 강조한 행위는 하나님의 은혜에 의해 주어지는 신뢰를 통해 입증되는 도구라는 면에서 서로 모순되거나 충돌되지 않는다. 이런 설명 없이 앞의 두 말씀을 처음으로 대면했을 때를 생각해 보라. 둘 다 모순 자체가 아니었던가! 하지만 이제는 아닐 것이다.

바울과 야고보의 이야기는 서로 모순되거나 충돌하지 않고 도리어 진리의 하모니를 이루는 환상의 듀엣이다. 하나님을 절대적으로 신뢰하고 순종함으로 그분이 바라시는 아름답고 향기로운 열매를 주렁주렁 맺는 참 신자가 되면 좋겠다.

06. 시대와 관습은 문맥을 이해하는 열쇠다

연자 맷돌을 '누구의 목'에 달아 빠뜨리라 했나?

마태복음 18장 초두에 제자들이 천국에서는 누가 큰 자인지를 예수님께 묻는 장면이 나온다. 이때 예수님은 한 어린아이를 불러 그들 가운데 세우시고 어린아이들과 같이 되지 아니하면 결단코 천국에 들어가지 못한다고 말씀하셨다. 어린아이처럼 자기를 낮추는 겸손한 자가 되고 자랑하는 교만한 자가 되어서는 안 된다는 훈계의 말씀이다. 그러고 나서 어린아이같이 작은 자를 영접하는 것이 곧 주님을 영접하는 것이라고 부언하면서 다음과 같은 말씀을 하셨다.

> "누구든지 나를 믿는 이 작은 자 중 하나를 실족하게 하면 차라리 연자 맷돌이 그 목에 달려서 깊은 바다에 빠뜨려지는 것이 나으니라"(마 18:6).

여기서 어려운 문제가 하나 발생한다. 이 구절이 말하는 '그(의) 목'이 누구의 목이냐는 것이다. 어린아이를 실족시킨 그 사람의 목인지, 아니면 어린아이의 목인지가 분명하지 않다. 과거에는 목회자들 대부분이 그 목을 아이를 실족시킨 '스승의 목'이라고 가르쳐 왔다. 하지만 최근에는 이 목을

'어린아이의 목'이라고 주장하는 사람들과 주석들이 더 많아지는 추세다.

갑자기 아이의 목에 연자 맷돌을 매달라니 이해가 가지 않는 사람이 많을 것이다. '실족당한 것도 서럽고 억울한데 어찌 연자 맷돌을 달아 깊은 바다에 아이를 빠뜨려 죽이기까지 한단 말인가?' 이런 반박이 나올 법도 하다. 하지만 이렇게 보면 어떨까? 어린아이를 영적으로 실족시켜 지옥에 가게 하느니 차라리 육신을 바다에 빠뜨려 죽이는 쪽이 훨씬 더 나은 것이 아니냐고 말이다. 강의 중 이렇게 설명하면 모두가 고개를 끄덕이며 이해한다는 표시를 한다. 지옥에서 영원히 지글지글 타게 하느니 육신적으로 빠져 죽게 하는 것이 더 낫다는 말에 설득이 되는 것 같다.

연자 맷돌을 누구의 목에 달라는 것인가에 관한 문제는 지금도 해석이 양분되어서 정확한 답이 무엇인지 명쾌하게 풀고 있지 못하다. 이유는 두 가지다. 첫째는, 본문이 누구의 목인지를 밝혔으면 좋겠는데 그저 '그(의) 목'이라고만 적어 놨기 때문이다. 둘째는, 오랜 세월 읽혀 왔던 개역한글 성경의 내용 가운데 번역상의 문제가 하나 있기 때문이다. 아래의 우리말 번역을 다시 한 번 참조해 보자.

> "누구든지 나를 믿는 이 소자 중 하나를 실족케 하면 차라리 연자 맷돌을 그 목에 달리우고 깊은 바다에 빠뜨리우는 것이 나으리라"(마 18:6, 개역한글).

'달리우고'나 '빠뜨리우는'이라는 표현은 우리말로 볼 때 수동태가 아니다. 내가 남에게 당하는 것이 아니라 행하는 행위로 번역되어 있음이 보이는가? 다시 말해서, 이전 번역인 개역한글 성경은 실족하게 한 스승이 아이의 목에 연자 맷돌을 매달아 바다에 빠뜨리는 것처럼 이해가 된다. 하지만 개역개정과 영어 성경의 모든 역본들은 헬라어 원문과 동일하게 '수동태'로 번역하고 있다. 이럴 때 성경의 원어를 잘 모른다 할지라도 영어 성경을 참조해 보면 우리말보다 원어에 더 가까운 의미를 알 수 있음을 기억하자.

이 구절을 원어에 맞게 번역하면 다음과 같다.

> "누구든지 나를 믿는 이 작은 자 중 하나를 실족하게 하면 차라리 연자 맷돌이 그 목에 달려서(it is better for him that a heavy millstone be hung around his neck) 깊은 바다에 빠뜨려지는 것(and that he be drowned)이 나으니라"(개역개정).

지금까지는 대명사(그 목)로만 기록되어 있는 문제와 잘못된 번역의 문제를 살펴보았다. 이제 다음으로 발휘되어야 할 실력은 당시의 문화와 관습 그리고 문맥 파악 능력이다. 우선은 당시의 문화와 관습에 관한 이해가 필요하다는 점을 강조하고 싶다.

예수님 당시는 누가 남을 실족시켰다는 얘기가 들리면 그는 바로 관가에 잡혀가 조사를 받게 되고, 그래서 그것이 사실로 판명되면 재판을 받고 형을 집행당하게 되어 있는 상황이었다. 이때의 형벌은 관리들이 실족시킨 사람의 목에 큰 연자 맷돌을 달아서 깊은 바다 속에 수장시키는 것이었다. 실족시킨 사람의 입장에서 보면 관리들에 의해 연자 맷돌이 자기 목에 달려서 물속에 빠뜨려짐을 당하는 꼴이 된다. 본문이 수동태 동사로 기록되어 있는 것과 같은 모습이다. 죄수 자신에게는 십자가형이 제일 참혹한 형이 되었겠지만, 죄수의 유족들에게는 이 형벌이 최고의 중벌이었을 것이다. 사람이 돌리는 맷돌이 아니라 짐승이 돌리는 큰 연자 맷돌을 죄수의 목에 달아 죽인 것은 유족들로 하여금 시신도 찾지 못하게 할 의도였기 때문이다. 따라서 당시 유대 관습으로 봤을 때 관리들에 의해 연자 맷돌이 달려지는 '그(의) 목'은 반드시 '실족시킨 사람의 목'이 되어야 한다.

마지막으로는 본문의 전후 문맥을 통해서 답을 찾아야 한다.

> **"실족하게 하는 일들이 있음으로 말미암아 세상에 화가 있도다 실족하게 하는 일이 없을 수는 없으나 실족하게 하는 그 사람에게는 화가 있도다"**(마 18:7).

실족하게 하는 자에게 '화'가 임할 것이라고 경고하는 내용이 보이는가? 그렇다. 이는 분명 '그(의) 목'이 실족당하는 아이의 목이 아니라 실족하게 만든 스승의 목임을 단정 짓게 해 주는 중요한 실마리가 된다. 여기서 본문의 문맥적 흐름을 통해 파악할 수 있는 사실은, 본문이 실족하게 한 스승에 대한 심판을 말하고 있다는 점이다. 그렇기 때문에 실족당한 아이가 아닌 실족하게 한 스승에게 책임을 물어 그의 목에 연자 맷돌을 달아 깊은 바다에 빠뜨리는 것이 명백하다는 결론이 나온다.

마지막으로 해결하고 넘어가야 할 과제가 하나 남아 있다. 6절에서 말하는 '그(의) 목'은 실족하게 한 스승의 목임이 당시의 관습과 본문의 문맥적 흐름을 통해 파악되었다. 그렇다면 서두에 소개했던 견해는 어떻게 결론지어야 하는지 궁금한 이들이 있을 것이다. 어린아이를 실족시켜 영적으로 지옥에 떨어지게 하느니 차라리 아이 목에 연자 맷돌을 달아 육신적으로 빠뜨려 죽이는 게 낫지 않느냐는 생각 말이다. 설득력 있는 이야기로 들리기 때문에 그 견해를 받아들이는 이들이 적지 않다. 하지만 마음을 가다듬고 한번 생각해 보라. 어린아이는 영적으로든 육적으로든 절대 화를 입게 해서는 안 되는 약한 존재다. 무엇보다 선생 된 자는 자기에게 맡겨진 아이들의 영혼과 육신을 잘 보살펴야 한다. 그것이 스승의 사명이요, 임무이기 때문이다. 어린아이는 영혼은 물론 육신까지도 소중하게 보살펴야 할 존재임을 놓치지 말자.

이스라엘을 탐방하면서 현지 가이드들도 연자 맷돌 사건을 틀리게 가르치고 있음을 확인할 수 있었다. 안타까운 일이다. 본문의 사건은 성경의 원어와 예수님 당시의 관습과 본문의 전후 문맥을 파악하지 않고는 결코 정답을 알 수 없게 되어 있다.

오늘 나 때문에 실족당하는 사람은 없는가? 지금까지 그런 사람은 한 명도 없었다고 자부할 수 있는가? 나의 작은 한마디, 사소한 행동 하나로 상대방을 실족하게 할 수 있다는 사실을 생각해 보라. 이후로는 실족하게 하기보다 덕과 유익을 끼치고 남을 살리는 데 쓰임 받는 리더들로 다 살기 바란다.

STEP 6

당시의 법과 문화와 관습을 이해하라

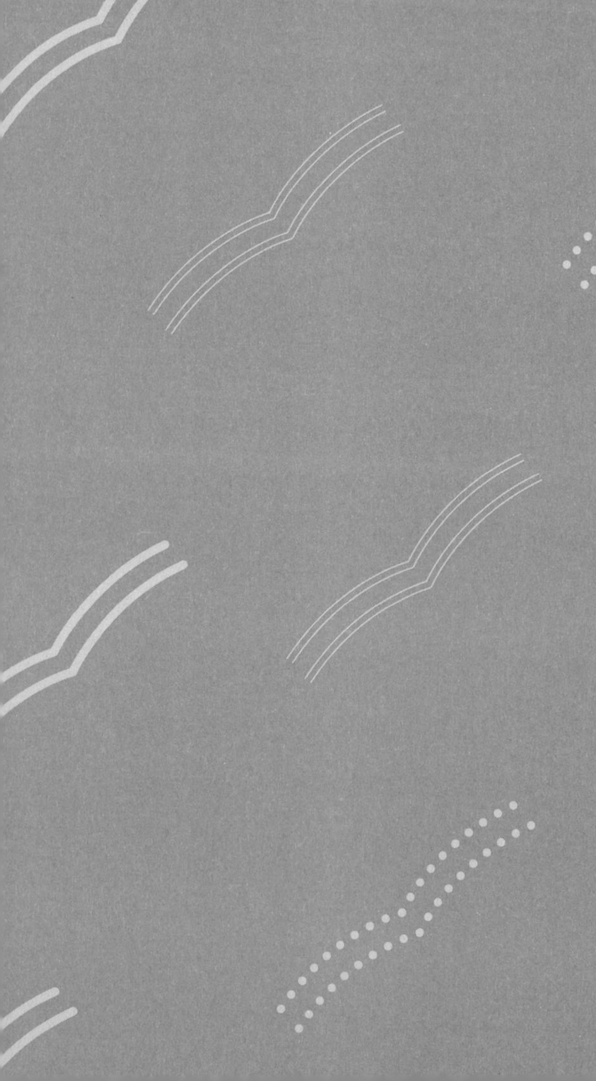

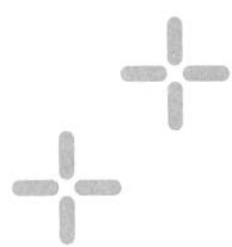

우리가 오래된 책들을 읽고 제대로 이해하려면 당시의 문화와 관습을 이해하는 것은 기본이다. 10년간의 미국 유학을 마치고 돌아온 나는 오랜 세월 살아왔던 고국에서 다시 생활함에 적지 않은 불편함이 있었다. 10년간의 공백으로 말미암은 문화 충격으로 인한 불편함이었다.

귀국 이후 자주 들은 말 중에 '스펙'이라는 단어가 있었다. TV를 틀거나 사람들과의 대화 중에 아주 흔하게 들을 수 있는 말이었다. 견디다 못해 평생 처음 들어 보는 스펙이라는 말이 무슨 뜻인지를 인터넷으로 찾아봤다. 그것은 영어로 '스페서피케이션'(specification)이라는 말로 '제품 설명서'라는 의미였다. 위키백과를 찾아보니 구체적으로는 이런 뜻이었다. "직장을 구하는 사람들 사이에서, 학력·학점·토익 점수 따위를 합한 것 등 서류상의 기록 중 업적에 해당되는 것을 이르는 말이다."[35] 스펙뿐 아니라 10년간 고국을 떠나 있는 동안 내가 이해할 수 없는 용어들이 많이 사용되고 있었다. 때문에 익숙하지 않은 용어들에 친숙해지기 위해 인터넷을 자주 뒤져야 했다.

성경도 마찬가지다. 성경은 지극히 동양적 관점에서 기록된 책임에도 그동안 서구 교회가 헬라-로마인의 색안경을 끼고 그것을 해석해 왔다. 주로 미국과 영국에서 공부하고 돌아온 학자들에 의해 서구의 관점으로 성경이 가르쳐져 왔음을 부정할 수 없다. 다시 말하면, 그간 고대 중동 문화권에서 기록된 성경을 히브리적 관점으로가 아니라 헬라적 관점으로 이해해 왔다는 것이다. 거기에 영향을 받은 한국 교회도 동일한 눈으로 성경을 해석해 왔기 때문에 '성경 이해'가 아닌 '성경 오해' 현상이 적지 않게 일어난다. 저명한 신약학자 케네스 베일리(Kenneth Bailey)는 다음과 같이 말했다.

> 성경은 동양 서적이다. 그런데 우리는 서구 문화의 색안경을 끼고 성경을 본다. 이 과정에서 많은 것이 유실된다. 우리는 미묘한 유머와 저변에 깔린 전제들을 놓친다 … 어떤 스토리나 예화를 조명하는 몸에 밴 태도를 이해하지 못한다 … 행간에 있는 것, 말하지 않으나 느껴지는 것, 이런 것들이 실은 가장 의미심장하다.[36]

그렇다. 동양에서 중동으로 건너가는 문화적 거리가 만만치 않다. 1세기라는 시간과 중동이라는 공간의 간격은 가만히 앉아서는 메워질 수 없는 엄청난 갭이라 할 수 있다.

성경에는 '양과 목자의 이야기'나 '유목민 베두인에 관한 이야기'가 심심찮게 등장한다. 당연히 당시 사람들에게는 익숙한 이야기였겠지만 21세기 도시에서 살아가는 오늘 우리에게는 아주 생소한 이야기들이다.

따라서 그와 관련된 본문을 제대로 이해하려면 당시의 문화에 대한 숙지는 필수적인 작업이 되겠다.

우리가 성경을 읽을 때 문화적인 배경을 통해 반드시 알아야 할 몇 가지 내용들을 차례로 정리해 보고자 한다. 함께 낙타를 타고 중동을 여행한다는 상상을 하면서 읽으면 좋을 것이다.

01. 시대적 배경 속에 하나님의 심경이 담겨 있다

다니엘서는 '다이어트 비법서'인가?

하나님의 백성이라면 누구나 성경이 하나님의 말씀인 것을 인정할 것이다. 그런데 이 성경을 기초로 수많은 이단들이 출현했다는 사실도 잘 알 것이다. 그것은 성경 자체로 인한 문제가 아니라 성경을 어떻게 이해하느냐 하는 해석상의 문제에서 기인한 것이었다.

해석상의 오류와 무지를 피하기 위한 여러 가지 방법이 소개되고 있다. 그중 꼭 필요한 한 가지 과제는 본문 당시의 문화적 배경을 숙지해야 한다는 것이다.

성경은 1차적으로 고대 유대 땅 청중들에게 주신 말씀이다. 따라서 우리는 원래의 청중의 관점에서 성경을 새로운 눈으로 보고 오늘 우리 삶을 위한 적용으로 삼아야 한다. 그러기 위해서는 먼저 고대인의 사고방식과 관습 및 문화를 공부해야 한다.

요즘 '거꾸로 학습법'이 수업에 많이 활용되고 있다. 한마디로 '청개구리 학습법'이다. 'Flipped Learning'이라고 불리는 이 학습법은 2007년 미국의 고등학교 교사인 존 버그만(John Bergmann)과 애론 샘즈(Aaron Sams)가 처음 고안해서 주목받은 수업이다. 학생들이 교사가 만든 강의

동영상을 통해 수업 내용을 미리 파악하고 온 뒤에 학교 수업 시간에는 질문, 토론, 협동 학습 등 다양한 활동을 통해 수업을 주도하는 학습 방법을 뜻한다. 교사의 수업을 통해 수업 내용을 알게 되는 기존의 학습법과는 정반대로 해 나가는 것을 의미한다.

성경의 문화적 배경 가운데서도 우리가 살고 있는 문화적 양상과는 전혀 다른 거꾸로 나라인 경우가 많음을 본다. 그중 몇 가지를 소개하면, 우리 시대에는 마르고 날씬한 것이 아름다운 것인 반면, 성경 시대에는 뚱뚱한 것이 축복과 부귀의 상징이었다. 우리 시대에는 젊음이 매력적인 반면, 성경 시대에는 나이 든 것이 지혜였다. 우리 시대에는 개인적 목표가 중요한 반면, 성경 시대에는 가족의 유산이 중요했다. 완전히 뒤집어진 가치관이 아닌가? 달라도 어쩜 이리 다를 수 있을까?

몇 가지 구체적인 예를 들어 보자. 잠언 16장 31절은 "백발은 영화의 면류관이라 공의로운 길에서 얻으리라"라고 했다. 요즘 처음 만나 교제하는 이들로부터 나이보다 어려 보인다는 이야기를 많이 듣는다. 동안인 얼굴 때문에 듣는 반가운 소리다. 어려 보인다는 말은 우리네 문화에서는 칭찬과 격려의 의미로 이해된다.

하지만 중동에서는 정반대다. 우리와는 달리 거기에서는 누군가를 나이보다 어리게 보는 것은 큰 무시와 결례에 해당된다. 따라서 성경 속에 나오는 문화를 이해할 때는 젊음보다 나이 듦이 존경의 의미를 갖고 있음을 인지하고 있어야 한다. 예레미야가 처음 선지자로 부르심을 받았을 때 자신이 너무 어려서 자기 말에 권위가 없을 것이라며 거절한 사건(렘 1:6)을 기억하는가? 바울이 제자 디모데에게 "누구든지 네 연소함을 업신여기지 못하게 하고"(딤전 4:12)라고 충고한 사건도 그런 개념에서 보면 이해가 쉽다.[37]

지금 우리 사회에서는 상상도 못할 문화가 성경 속에 펼쳐져 있음을 확인해 보라. TV나 공영 방송에서는 10대나 20대만 넘어서면 주역에서 배제되어 퇴물로 전락하고 마는 모습을 자주 보게 된다. 우리는 지금 늙음을 예찬하거나 존중하지 않는 문화 속에 살고 있다. 가끔씩 지하철 안에서 노인들이 중학생들에게 모욕적인 말을 듣거나 폭행당하는 영상들이 페이스북이나 유튜브에 올라오는 것을 본다. 아무리 노인들이 경시되고 있는 문화라 할지라도 동방예의지국을 자랑하던 대한민국이 어떻게 이렇게 패륜적인 상황으로 변질되었나를 생각할 때 씁쓸한 마음을 금할 길이 없다.

우간다에서는 빼빼 마른 사람이 조롱의 대상임을 아는가? 거기에서는 살찐 사람이 우대를 받는다고 한다. 가난과 기아에 찌든 나라에서는 살찐 것이 부를 상징하는 잣대가 된다. 상상하지 못했겠지만 성경 역시 살찐 것에 대해서는 우간다와 같은 입장이라는 사실을 알고 있는가? 아가서의 기자는 연인의 아름다움을 허리둘레가 '배둘레햄'으로 두껍다는 뉘앙스로 칭찬했다. "배꼽은 섞은 포도주를 가득히 부은 둥근 잔 같고 허리는 백합화로 두른 밀단 같구나"(아 7:2).

오늘 우리는 뱃살과의 전쟁을 치열하게 치러야 할 정도로 음식이 풍부한 시대에 살고 있다. 하지만 성경 당시의 사람들은 역사상 존재했던 대부분의 사람들처럼 뱃살과의 전쟁이 아닌 가난과 기아와의 전쟁으로 시달려 왔다는 사실을 놓치지 말라.

새해가 되면 많은 이들이 새로운 결심을 하게 되는데, 그중 필수 목록에 들어가는 하나가 '체중 감량'이다. 그런데 체중 감량의 비결로 성경을 뒤진 이들이 있다. 다니엘서 1장은 '다이어트 비법'에 관한 가장 인기 있는 본문이다. 특히 영어권에서 더욱 이 내용을 좋아한다.

포로로 잡혀온 모든 청년들이 왕이 제공하는 식단을 만끽할 때 다니엘과 세 친구는 열흘간 채소와 물만 섭취하기를 고집했다. 그 결과 어떻게 되었을까? 미국 교회에서 주로 사용하는 NIV 성경은 다니엘서 1장 15절을 다음과 같이 번역했다. "At the end of the ten days they looked healthier and better nourished than any of the young men who ate the royal food." 채소와 물만 먹은 다니엘과 세 친구의 '영양 상태'가 고기와 같은 왕의 음식을 먹은 다른 소년들보다 '더 좋았다'고 한다. 이것은 채식을 하는 사람의 몸무게는 당연히 줄어들겠지만 건강에는 더 좋다는 뜻으로 이해할 수 있는 의미가 아니던가!

하지만 여기서 우리가 잘 모르고 있는 비밀을 하나 폭로할까 한다. 놀라지 마시라. 다니엘과 세 친구는 그 식단으로 살이 빠지기보다 오히려 살이 쪘다는 사실을 아는가? 사실이라면 충격적이다. 15절에서 문제가 되는 부분에 사용된 히브리어는 '바리'(בָּרִיא)라는 단어로 '뚱뚱한'을 의미한다. 때문에 ESV 성경은 다니엘과 세 친구가 왕의 음식을 먹은 다른 모든 소년들보다 '더 살이 쪘다'(fatter in flesh)고 원문에 맞게 번역했다.[38] 개역개정 성경 역시 본문을 다음과 같이 비교적 정확하게 번역했다.

> "열흘 후에 그들의 얼굴이 더욱 아름답고 살이 더욱 윤택하여 왕의 음식을 먹는 다른 소년들보다 더 좋아 보인지라"(단 1:15).

'살이 더욱 윤택했다'는 것은 살이 더 쪘다는 말이다. 우리의 예상과는 전혀 다르게 다니엘과 세 친구는 물과 채소만을 먹었음에도 몸무게가 줄어든 것이 아니라 오히려 늘었음을 알 수 있다. 채소만 먹는 식단으로 마르고 허약해지리라 예상했지만, 하나님은 우상에게 바친 제사 고기와 포도주를 삼가려는 그들의 신앙심을 높이 사 오히려 체중이 늘게 하셨던 것이다. 그만큼 성경 시대에는 몸무게가 늘어나는 것이 좋은 일이었다는 말이다.

물론 그때는 지금과는 달리 음식이 풍성하지 못한 시대였으니 그럴 수밖에 없었다. 만일 그 당시에 '미스 이스라엘' 같은 대회가 있었다면 아마도 체격이 좋고 몸집이 우람한 여성들이 진선미로 당선됐을 것이다. 왕비로 간택된 에스더 역시 지금 우리의 상상과는 달리 풍부한 몸매의 소유자가 아니었을까 짐작해 본다.

성경을 해석하는 우리 모두가 관심을 기울여야 할 부분은 우선적으로 성경 본문의 내용을 저자의 의도대로 이해하고 해석하는 일이 될 것이다. 그러기 위해서는 우리 시대의 문화와는 '거꾸로'가 많은 성경 시대의 본문을 잘 깨달은 후 자신의 삶에 적용함이 필수 과제임을 기억하자.

'눈에는 눈, 이에는 이'는 잔혹한 보복법이 맞는가?

고대 바빌로니아의 함무라비 법전에는 '탈리오법칙'(lex talionis)이라는 것이 있었다. 간단히 말하면 '눈에는 눈, 이에는 이'라는 법칙이다. 이것은 일명 '동해보복법'이라고도 하는데, 통상 '잔혹한 보복'을 의미하는 부정적인 것으로 많이 알려져 왔다.[39] 하지만 본뜻은 그게 아니었다. 사람은 자신이 입은 피해보다 더 큰 보복을 생각한다. 그것을 막기 위한 한계점으로 하나님이 '눈에는 눈, 이에는 이'와 같은 율법을 정하신 것이다.

> "눈은 눈으로, 이는 이로, 손은 손으로, 발은 발로, 덴 것은 덴 것으로, 상하게 한 것은 상함으로, 때린 것은 때림으로 갚을지니라"(출 21:24-25).

> "상처에는 상처로, 눈에는 눈으로, 이에는 이로 갚을지라 남에게 상해를 입힌 그대로 그에게 그렇게 할 것이며 짐승을 죽인 자는 그것을 물어 줄 것이요 사람을 죽인 자는 죽일지니 거류민에게든지 본토인에게든지 그 법을 동일하게 할 것은 나는 너희의 하나님 여호와임이니라"(레 24:20-22).

"네 눈이 긍휼히 여기지 말라 생명에는 생명으로, 눈에는 눈으로, 이에는 이로, 손에는 손으로, 발에는 발로이니라"(신 19:21).

다시 말해, 다른 사람의 잘못으로 한쪽 눈을 잃었다면 그에 대한 보응으로 그 사람의 목숨을 요구하지 못하도록 막는다. 한 사람이 요구할 수 있는 전부는 한쪽 눈일 뿐이다. 더 큰 보복에 의해 단순한 가해와 피해의 사건을 불구대천의 원수로 만들어 버리는 악순환을 초래했던 것이 그때까지의 역사였다. 그러나 '눈에는 눈'이라는 이 원리는 그런 악순환을 종식시킨다. '최대한' '눈에는 눈만큼, 이에는 이만큼'인 것이다. 결코 '최소한'이 아니다.

물론 구약 시대의 이 율법이 신약 시대의 예수 그리스도의 원수 사랑이나 용서라는 높은 수준에 미치지는 못하지만, 구약 시대에는 꼭 필요한 율법이었다. 이 법은 궁극적으로 지나친 보복 행위를 적극 권장하는 것도 아니요, 그렇다고 해서 신체 훼손을 목적으로 하는 법도 아니다. 도리어 그것은 신체를 온전히 보존하기 위한 법이다. 그것도 사회적인 약자의 신체를 보존하기 위한 법이다. 동해보복법에 담긴 이러한 신체 존중 의도는 마침내 예수님의 산상 설교에서 그 절정에 도달한다.

예수님은 산상 설교에서 동해보복법을 인용하면서(마 5:38) 원수를 미워하고 원수의 잘못된 행동을 앙갚음하려는 법 대신에 원수까지라도 사랑할 수 있는 사랑의 법을 강조하신다(마 5:39-44). 특히 오른편 뺨을 치는 자에게 왼편 뺨도 돌려 대라는 39절의 말씀은 신체 존중 사유가 어느 정도까지 이를 수 있는지를 극명하게 보여 준다. 예수님은 구약에 있던 법을 폐지하신 것이 아니라, 그간 오해되어 오던 법 정신을 제대로 해석해 주신 것이다. 모든 법 안에는 사랑과 자비라는 정신이 근본적으로 깔려 있다는 사실을 놓쳐서는 안 된다.

최근 사형 폐지에 관한 이야기들이 전 세계적으로 이슈화되어 가고 있다. 우리나라도 종교계에서 사형 폐지에 관한 목소리를 높이고 있다. 교회 안에서도 '사형 제도, 성경적인가 비성경적인가?'라는 주제로 공청회나 세미나가 자주 열린다.

흔히 사형 제도를 찬성하는 사람들이 근거로 삼는 성경 구절이 있다. 그것은 앞에서 살펴본 '눈은 눈으로, 이는 이로'(마 5:38)라는 '동해보복법'이다. 엄벌을 통해서 범죄를 억제해 사회 질서를 유지함은 물론, 피해자에게 응보의 법 감정을 충족시킬 수 있다는 점에서 이 법을 많이 내세운다. 하지만 엄벌 응보주의가 범죄 억제에 효과가 있다는 과학적 증거는 아직까지 정확하게 내놓지 못하고 있다.

공동체가 제대로 이루어져 가려면 죄가 가볍게 용납되어서는 안 되며, 사회 질서 또한 강력하게 유지되어야 한다. 하지만 인간의 생명을 주관하는 분은 하나님이시며, 하나님 외에 그 누구도 생명을 빼앗을 권리가 없다는 점은 다시 한 번 숙고하고 넘어가야 한다. 그 어떤 죄인이라도 그는 예수 그리스도가 그를 위해서 대신 죽어 주신 존귀한 영혼이다. 오직 사랑의 법 외에는 주장할 수도 없고 주장되어서도 안 될 것이다. 우리 속에 주 예수 그리스도의 사랑의 법 외에는 다른 법이 존재하지 못하게 하자.

03. 지역적 특성을 알 때 지식적 풍성함이 따른다

'차든지 뜨겁든지' 라고?

성경 66권 가운데 해석에 있어서 요한계시록만큼 많은 이단이 나온 책은 없을 것이다. 모든 성경이 각기 나름대로의 해석 원리와 기준을 갖고 있듯이, 요한계시록 역시 그 나름의 독특한 해석 원칙과 기준을 가지고 있다. 그것을 몇 가지로 살펴보면 첫째, 샌드위치 기법, 둘째, 반복점층법, 셋째, 상징적 의미의 숫자 활용, 넷째, 지역 배경과 특징으로 의미를 전달하는 기법이 활용되고 있다. 이 중 요한계시록 3장 14-18절까지의 이야기는 다른 여섯 교회의 경우와 동일하게 주님이 당시 그 지역의 독특한 환경과 특징을 활용해서 의미를 전달하신 내용이다.

수년 전, 성도들과 함께 라오디게아 현지를 방문해서 그 유적지들 가운데 앉아 수요 예배를 드린 적이 있다. 아래의 내용은 그때 전했던 말씀인데, 현장에서 성도들과 같이 받았던 은혜와 감동은 지금도 잊을 수가 없다.

요한계시록 3장 14-18절은 소아시아 일곱 교회 가운데 마지막 교회인 라오디게아교회에 주신 주님의 메시지다. 다른 여섯 교회와 마찬가지로 이 본문은 당시 그 지역의 배경과 특징을 충분히 고려해서 해석해야 주님이 말씀하신 영적인 교훈을 제대로 파악할 수 있다.

우선 라오디게아교회가 어떤 교회였는지, 그에 대한 교인들 스스로의 진단을 살펴보자. 17절은 다음과 같이 말하고 있다. "나는 부자라 부요하여 부족한 것이 없다." 그들 스스로 부자요, 부족한 것이 조금도 없다는 자부심을 갖고 있었음을 알 수 있다.

그들이 이렇게 말한 데는 그럴 만한 분명한 이유가 있었다. 당시 라오디게아 지역은 세 가지로 유명했는데, 첫째는, 은행에 금이 많았다. 금은 요즘으로 말하면 현금에 해당된다. 은행에 금이 얼마나 많았던지, 지진이 일어나서 건물이 무너지고 엄청난 경제적 손해가 끼쳐졌음에도 로마로부터의 도움의 손길마저 뿌리쳤을 정도다. 둘째는, 안약으로 유명했다. 라오디게아에는 헤로필로스(Herophilos)의 의료법에 따른 의과대학이 있었고, 또 유명한 약을 제조하는 제약 회사들이 많이 있었다. 그중 안약은 눈병에 특효약이었다. 셋째는, 옷감으로 소문난 산지였다. 이곳은 루커스 계곡의 넓고 기름진 땅에서 목양과 목화 재배가 활발했다. 고대의 지리학자 스트라보(Strabo)는 라오디게아의 목양에서 얻은 털의 부드러움과 그 연함이 밀래시안(Milesian)의 그것을 훨씬 능가한다고 말할 정도였다. 재물과 의약품과 직물로 여유 있는 곳에 사는 사람이라면 부족함이 없는 풍요로운 삶이라 충분히 자부할 수 있을 것이다.

하지만 이들의 자가 진단에 대한 주님의 진단은 180도로 달랐다는 데 문제가 있다. 라오디게아교회를 향하신 주님의 진단은 어떠했을까? "네가 말하기를 나는 부자라 부요하여 부족한 것이 없다 하나 네 곤고한 것과 가련한 것과 가난한 것과 눈먼 것과 벌거벗은 것을 알지 못하는도다"(계 3:17). 요약해서 말하면, 주님은 그들이 가난하고 눈멀고 벌거벗었다고 지적하셨다. 재물과 의약품과 직물, 세 가지의 장점을 지닌 그들이 영적으로는 오히려 그 세 가지에 있어서 치명적인 결함을 지니고 있다는 말씀이었다. 그런데 주님은 그들의 문제점을 보다 구체적으로 끄집어내어 설명하신다.

> "내가 네 행위를 아노니 네가 차지도 아니하고 뜨겁지도 아니하도다 네가 차든지 뜨겁든지 하기를 원하노라 네가 이같이 미지근하여 뜨겁지도 아니하고 차지도 아니하니"(계 3:15-16).

정리하면, 그들이 차갑든지 뜨겁든지 해야지, 미지근해서는 안 된다는 말씀이다. 여기에 '차든지 뜨겁든지'라는 표현이 나온다. 10여 년 전까지만 해도 학자들과 목회자들은 여기에 영적인 의미를 집어넣어 '차가운 신앙'과 '뜨거운 신앙'으로 해석해 왔다. 그런데 '뜨거운 신앙'은 이해가 쉬우나 '차가운 신앙'을 긍정적인 의미로 해석함에는 어려움이 있었다. 그러다 보니 엉터리 해석들이 많이 쏟아져 나왔다. 하지만 다행인 것은, 이 표현이 당시 라오디게아 지역의 특성을 잘 아시는 주님이 그들만이 지니고 있는 지역적 배경을 활용하신 말씀이라는 사실이 뒤늦게나마 밝혀졌다.

세 가지의 큰 장점을 지닌 라오디게아 지역은 물이 좋지 않다는 결점을 갖고 있었다. 그래서 그들은 거기서 16킬로미터 떨어진 골로새에서 차가운 음료수를 수로를 통해 끌어왔다. 뿐만 아니라 9킬로미터 떨어진 히에라볼리에서 뜨거운 유황 온천수와 탄산 온천수도 수로를 통해 끌어왔다.[40] 문제는 차가운 음료수나 뜨거운 온천수와 탄산수가 수로를 통해 라오디게아까지 오는 동안 차지도 뜨겁지도 않은 미지근한 물로 변한다는 점이다. 그래서 그것을 마시는 사람으로 하여금 구토증을 유발하게 만든다는 것이다. 본문 16절을 보라.

> "네가 이같이 미지근하여 뜨겁지도 아니하고 차지도 아니하니 내 입에서 너를 토하여 버리리라."

여기서 '내 입에서 너를 토하여 버리리라'라는 내용은 잘못된 번역이다. 제대로 번역하면 다음과 같다. '내 입에서 구역질이 나서 토할 것만 같다.' 다시 말하면, 구토를 유발하게 되었다는 말이다.[41] 무더운 여름에 물을 마시고 나면 입에서 "야, 참 시원하다!"라거나 "이거 정말 몸에 좋구먼!"이라는 소리가 나와야 하지 않겠는가. 그런데 물을 마시자마자 "욱!" 하고 토할 수밖에 없다면 그것은 물로서의 존재 가치가 없게 된다.

당시 라오디게아는 수로로 연결해서 끌어오는 물의 오염이 심각했다. 차가운 물이든 뜨거운 물이든 배수로를 통해 라오디게아까지 도달하는 동안 식어서 미지근해지는 것도 문제였지만, 그곳 모사 공장의 폐수와 환자의 가족들이 카리안 신에게 제물을 바치기 위해 매일 잡는 짐승의 피와 오물 등이 라오디게아에 흘러 들어온 물과 합쳐지다 보니 더욱 미지근해지고 오염이 되어 구토증을 유발하는 물이 되고 말았다.

이러한 이유로 그곳의 물은 갈증을 해소할 만큼 시원하지도 않고 병을 치료할 만큼 뜨겁지도 않게 되었다. 이를 구체적으로 말하면, 이 '미지근한' 것은 '열매 없음'과 '효력 없음'을 의미한다. 이처럼 주님은 '차가운 신앙'과 '뜨거운 신앙'의 의미로 말씀하신 것이 아니라, 차가운 것은 차가운 대로 시원한 냉수처럼 유익을 주고, 뜨거운 것은 뜨거운 대로 온천수처럼 유익을 준다는 의미로 말씀하신 것이다. 그런데 라오디게아 교인들은 주님에게 열매도 맺지 못하고 효력도 전혀 나타내지 못하는 존재가 되었던 것이다. 세상적으로는 풍요로운 삶을 만끽하면서도 영적으로는 전혀 알맹이 없고 영향을 끼치지 못하는 모습을 주님이 지적하고 책망하신 것이다.

그런데 주님은 그들의 문제만 지적하신 것이 아니라, 친절하게도 수정하고 갖춰야 할 대안까지 마련해 주셨다. 라오디게아 교인들을 향한 주님의 해결책이 18절에 언급된다.

> "내가 너를 권하노니 내게서 불로 연단한 금을 사서 부요하게 하고 흰옷을 사서 입어 벌거벗은 수치를 보이지 않게 하고 안약을 사서 눈에 발라 보게 하라."

재물과 의약품과 직물을 자랑하는 그들에게 영적으로는 바로 그 세 가지에 있어서 치명적인 결함을 갖고 있음을 지적하신 주님이 제시하신 대안은 다음의 세 가지다. 첫째, 은행에 있는 물질적 금이 아닌, 불로 연단한 금(성도의 확실하고 견고한 믿음[벧전 1:7])을 사서 부요하게 하라는 것이다. 둘째, 그들이 입는 화려한 옷이 아닌 '성도들의 옳은 행실'(계 19:8)을 의미하는 흰옷을 사서 입어 벌거벗은 수치를 면하라는 것이다. 셋째, 눈에 바르는 안약이 아닌 영적인 분별력을 갖게 하는 안약을 발라서 보게 하라는 것이다.[42]

세상에서 갖출 것을 다 갖춘 라오디게아 교인들은 자신들이 육적으로 자랑하는 바로 그 세 가지에 있어서 영적으로 치명적인 결함을 지니고 있음을 지적받았다. 아무리 세상적으로 부요하고 유명세를 탄다 하더라도 영적으로 부요하지 않거나 주님이 인정하지 않으시는 삶을 산다면 아무런 소용이 없다.

주님이 오늘 우리의 영적인 상태를 진단하신다면 우리는 과연 어떤 평가를 받을 수 있을까? 오늘 하루도 주님으로 하여금 구토를 유발하게 만드는 열매 없는 신자가 아닌, 언제나 잘했다 칭찬받을 수 있는 참 그리스도의 제자들이 되었으면 좋겠다.

04. 난제는 숙제가 아니다

'숯불을 그 머리에 쌓아 놓는다'라니?

초등학교 시절, 같은 반의 불교 신자인 친구와 말싸움을 할 때가 많았다. 불교 신자였던 그 친구는 반에서 1등, 전교에서 3등 정도 하는 우수한 아이였다. 그러다 보니 전도할 때마다 똑똑한 그 친구와 논쟁이 벌어지곤 했다.

어느 날 그 친구가 기독교가 가장 자랑하는 정신이 무엇이냐고 물었다. 나는 '사랑'이라고 했다. 어떤 사랑이냐고 물었다. 나는 원수까지 사랑하는 것이라고 대답했다. 그러자 그 친구는 이렇게 말했다. "우리 불교는 미워할 원수도 없어!" 그 말을 들은 나는 기가 팍 죽고 말았다. 기독교는 미워하는 원수가 많아서 예수님이 그 원수를 용서하라고 하셨는데, 불교는 용서하거나 사랑해 줘야 할 원수조차 없다고 하니 우리보다 도가 더 높아 보였던 것이다. 이후로 난 그 친구에게 전도할 마음을 먹질 못했다.

지금 만나서 신앙 이야기를 한다면 할 말이 많다. 미워할 원수도 없다는 말은 거짓말이다. 사람이라면 누구에게나 원수가 있기 마련이다. 원수 정도는 아니라 할지라도 싫어하는 대상이 한두 명쯤은 존재한다. 구약성경인 잠언에는 신약의 복음에 필적할 만한 원수 사랑에 대한 실천적 교훈이 있다.

> "네 원수가 배고파하거든 음식을 먹이고 목말라하거든 물을 마시게 하라 그리하는 것은 핀 숯을 그의 머리에 놓는 것과 일반이요 여호와께서 네게 갚아 주시리라"(잠 25:21-22).

이와 흡사한 구절이 신약의 로마서에 인용되어 있다.

> "네 원수가 주리거든 먹이고 목마르거든 마시게 하라 그리함으로 네가 숯불을 그 머리에 쌓아 놓으리라"(롬 12:20).

그리스도인이라면 거의 모든 이들이 알고 있는 유명 구절이다. 동시에 그 뜻이 무엇인지를 제대로 파악하기가 무지 힘든 구절이기도 하다. 우선 '네 원수가 주리거든 먹이고 목말라하거든 물을 마시게 하라'는 내용을 보면 '원수를 사랑하라'고 하신 예수님의 말씀을 실천하는 긍정적인 의미로 볼 수 있다. 문제는 '그렇게 하는 것은 숯불을 그 머리에 쌓아 놓는 것과 같다'라는 바로 다음 내용이다. 숯불을 머리에 쌓아 놓는다는 것은 원수를 사랑하기보다는 파멸시키는 결과를 초래하는 부정적인 의미로 이해되기 때문이다. 원수를 사랑한다는 것이 그를 파멸시키는 결과를 초래하게 된다면 말이 되겠는가? 더욱 이해가 가지 않는 것은, 그러한 일을 행하면 하나님이 그에게 상을 주신다고 한 점이다. 그러니 이 구절을 대하는 독자들은 혼란을 넘어서서 이해 불가 상태에 빠지게 될 수밖에 없다.

학자들마다 크게 두 가지 견해로 나뉜다. 첫 번째는, 이 구절을 심판의 의미로 해석하는 견해다. 시편 140편 10절의 내용을 다윗이 악인에게 뜨거운 숯불이 떨어지게 하시기를 하나님께 요청하는 의미로 이해했기 때문에 그렇게 보는 것이다. 그래서 우리가 원수를 잘 먹이고 섬기는 것은 그들이 받을 벌을 배가시키는 결과를 가져온다고 주장한다. 충분히 일리 있는 해석이다. 김지찬 교수 역시 다음과 같이 이 주장에 찬성함을 볼 수 있다.

> '숯불' 이미지가 성경에서 주로 하나님의 심판을 가리키는 용도로 사용되고, 앞뒤 문맥에서 하나님의 복수를 언급하고 있기에 그리스도인의 사랑을 거부하는 자들이 받을 하나님의 심판을 가리키는 것이 정확하다고 생각합니다. 그렇다면 본문은 이렇게 의역할 수 있습니다. "네 원수가 주리거든 먹이고 목마르거든 마시게 하라. 그리함으로 장차 원수들이 받을 하나님의 심판을 그 머리에 쌓아놓게 되리라.[43]

하지만 이 해석에는 문제가 있다. 만일 이 견해가 맞을 경우 우리는 원수들에 대한 하나님의 심판의 강도를 높이기 위해 억지로라도 원수에게 호의를 베풀어야 한다는 결론이 나오기 때문이다.

이제 남은 것은 이 구절을 긍정적인 의미로 해석하는 것이다. 이 구절을 그 당시의 관용구로 보는 견해 말이다.

숯불을 머리에 올려놓으면 얼굴이 화끈거리게 된다. 그것은 곧 원수로 부끄럽게 한다는 뜻이 된다. 이는 원수에게 친절을 베풂으로써 원수로 하여금 수치를 느껴서 후회하게 만드는 것을 말한다.[44]

이 구절은 또한 원수로 하여금 수치와 후회의 결과로 마침내 회개에 이르도록 만들자는 의도로 해석할 수 있다. 고대 이집트의 속죄 의식에는 죄인이 회개하는 표시로 숯불이 담긴 대야를 머리에 이고 옮기는 의식이 있었다.[45] 잠언에서도 행악자를 선대할 때 그것이 그 행악자로 하여금 회개하도록 촉구하는 계기가 될 수 있음을 말한다.

또한 전후 문맥으로 판단할 때 본 구절의 의미가 무엇인지를 정확하게 파악할 수 있다. 이 난해한 구절의 복잡한 실타래를 시원하게 풀어 줄 비결 중 하나는 문맥이다. 문제의 구절인 20절 전후 구절에 힌트가 있다.

> "내 사랑하는 자들아 너희가 친히 원수를 갚지 말고 하나님의 진노하심에 맡기라 기록되었으되 원수 갚는 것이 내게 있으니 내가 갚으리라고 주께서 말씀하시니라 … 악에게 지지 말고 선으로 악을 이기라"(롬 12:19, 21).

종합해서 설명하면, 원수 갚는 것은 마지막 날에 하나님이 하시니 우리는 선으로 악을 이기라는 것이다. 즉 심판은 하나님이 하실 일이고 우리가 할 일은 원수에게 선을 행함으로 그를 부끄럽게 해 스스로 회개에 이르도록 하자는 의미다.

결국 원수의 머리에 숯불을 쌓는다는 말은 사랑으로 원수를 도와서 회개라는 유익에 이르도록 하자는 것임을 알 수 있다. 적대자를 친절하게 대할 때 그리고 악을 선으로 갚을 때 악은 정복되며, 적대자는 어두움에서 빛으로 방향의 변화와 마음의 새로워짐으로 변화될 것이다.

여기서 우리가 배우는 값진 진리가 있다. 원수를 없애는 최선의 방법은 그를 사랑하는 것이라는 사실이다. 이렇게 함으로써 우리는 선으로 악을 이길 수 있다.

원수 갚는 것은 오직 하나님께 있으니 우리는 그저 원수를 사랑하고 친절을 베풀기만 하면 된다. 하지만 가장 중요한 것은 우리에게 미워할 만한 원수를 두지 않는 것이다.

"하나님, 저에겐 원수 자체가 존재하지 않게 하옵소서! 아멘!"

05. 명언은 시대를 거슬러 오늘에 이른다

"심은 대로 거두리라"

아래의 내용은 어느 날 페이스북에서 본 한 감동적인 영상 속에 나오는 줄거리를 우리말로 번역해 본 것이다.

빌리(Billy)라는 노숙인이 길거리에서 구걸을 하고 있었다. 모두가 그를 스쳐 지나가는데, 한 아가씨가 와서 20달러짜리 지폐를 컵 속에 떨어뜨렸다. 그녀는 지폐와 함께 자기 손가락에 낀 반지까지 떨어뜨리고 만다. 빌리는 고맙다며 어떻게 동전도 아닌 20달러를 줄 생각을 했느냐고 물었다. 그러자 그녀는 어떤 중요한 말을 남기고 발걸음을 옮겼다. 아쉬운 마음에 빌리는 이름이라도 알려 달라고 했다. 그녀는 자신의 이름은 사라 달링(Sarah Darling)이며, 거리 건너편 가게에서 일한다고 알려 주었다.

그녀가 떠난 후 컵 속을 확인한 빌리는 거기에 반지가 들어 있음을 알게 된다. 사라 달링이 떨어뜨렸다는 사실을 안 그는 그녀를 찾아 나섰다. 하지만 찾을 길이 없어 돌아오는데 마침 금은방이 보였다. 빌리는 금은방 주인에게 반지가 얼마 정도의 가치가 있는지를 물었다. 보통 반지가 아님을 안 주인은 4천 달러를 내놓으며 자기에게 팔라고 했다.

그 돈이면 당분간 먹고살기에 부족함이 없는 액수여서 마음이 흔들렸다. 하지만 이내 그는 사라 달링이 남기고 간 말을 기억하고 반지를 받아서 돌아 나왔다. 그러고는 반지의 주인을 다시 찾아 나섰다. 그녀가 길 건너편에서 일한다고 한 사실을 기억해 낸 그는 이곳저곳을 찾다가 마침내 사라 달링을 만나게 되었다. 반지를 돌려받은 그녀는 크게 감동했다. 그러면서 반지를 팔아 필요한 데 사용할 수도 있었는데 어떻게 돌려 줄 생각을 했느냐고 물었다. 그때 빌리는 그녀가 자신에게 해 준 말 때문이라고 대답했다.

그가 돌아간 뒤 자초지종을 알게 된 친구가 사라 달링에게 빌리의 감동적인 이야기를 인터넷에 올려 보라고 권했다. 친구의 이야기를 들은 그녀는 인터넷에 빌리의 이야기를 올려놓고 그를 도울 후원자의 손길을 찾았다. 그의 감동적인 이야기를 읽은 세계 여러 곳의 사람들이 가난한 그를 위해 기부를 하기 시작했다. 그리고 얼마 후 19만 726달러(약 2억 4천만 원)라는 큰 액수의 돈이 모였다. 그녀는 그 돈이 든 가방을 가지고 빌리를 찾아가 선물로 주었다. 깜짝 놀란 그에게 그녀는 자신의 이야기를 들은 세계 여러 나라 사람들이 보낸 선물이라고 말했다. 그러면서 그 돈으로 집도 사고 편하게 지내라는 말을 남긴 채 사라졌다. 가방을 뒤지던 빌리는 그 속에서 처음 그녀가 자신에게 해 준 말이 적힌 쪽지를 발견했다. 그것은 바로 이 말이었다.

"What goes around comes around."

무슨 뜻일까? 여러 가지로 말할 수 있다. '한 만큼 돌려받는다', '세상의 모든 일은 돌고 돈다', '자신이 하는 행동은 결국 자신에게 되돌아오니

다시 돌아와도 좋을 행동만 하라', '사필귀정'(事必歸正), '심은 대로 거두리라!' 등 여러 가지 뜻이 있다. 이와 흡사한 의미로 전도서 11장 1절에는 이런 말씀이 나온다.

> "너는 네 떡을 물 위에 던져라 여러 날 후에 도로 찾으리라."

2021년 5월, 909회 로또 추첨에서 1등에 당첨된 40대 남성 A씨의 이야기가 마침 이 글을 쓰고 있던 중 뉴스에 화제로 올라왔다. 그는 당시 1등 당첨금(20억 2,106만 원) 중 33퍼센트가량의 세금을 뗀 나머지 13억 8천만 원을 수령했다. 그런데 특이하게도 A씨는 친구와 함께 1등에 당첨된 '더블 당첨' 사례자다.

A씨는 건설 현장에서 일을 하는 일용직 노동자였다. 본래는 10년 넘게 주방 기물 등을 만드는 공장에서 일을 했는데, 일하던 공장이 코로나 사태로 하루아침에 문을 닫고 말았다. 그는 하루아침에 돈 한 푼 없는 신세가 되었고, 계속되는 빚 독촉에 시달려 모든 것을 놓아 버리고 싶은 마음까지 들 정도였다고 한다.

그때 절망의 나락으로 떨어진 그를 붙잡아 준 것은 다름 아닌 10년 지기 친구였다. 그들은 편의점에서 산 로또 용지에 같은 번호를 적어 나누어 가졌다. 왜 나누어 주었는지를 묻자 돌아온 대답은 "너무나 고마운 친구라서요"였다. 1등에 당첨되기 며칠 전, 친구로부터 전화가 왔다. "나와, 내가 밥 살게!" 친구는 그렇게 그에게 밥을 샀고, "이걸로 힘들지만,

한번 살아 보자!"라며 그의 바지 주머니에 수십 만 원을 넣어 줬다.

같은 공장에 다니다 실직자가 된 친구 역시 형편이 좋을 리 없었다. 게다가 친구는 한 가정의 가장이었다. 남몰래 눈물을 훔쳤다. 그가 나눠 줄 수 있는 건 '혹시나' 하는 마음을 담은 로또 용지뿐이었기에 기꺼이 건넸다. 그리고 둘 다 1등에 당첨되는 행운을 거머쥐게 되었다. 둘의 당첨금을 합치면 무려 40억이 넘는다. 최근 로또 1등 당첨금이 대부분 10억대에 머무르고 있는 점을 감안하면 네 배 가까이 큰 금액이다. 어쩌면 혼자 다 차지할 수 있었던 돈이기도 하다.

용지 나누어 준 것을 후회하느냐고 물었더니 "조금도 후회하지 않는다"고 했다. 그동안 서로가 힘든 시간을 보내 왔던 것을 누구보다 잘 알고 있고, 힘들 때마다 의지하며 지내 왔기 때문이다. 이제는 로또 1등 당첨자라는 은밀한 비밀까지 공유하며 더욱 돈독해졌다. 든든한 친구와 바로 이야기를 나눌 수 있어서다. 농협에서 1등 당첨금도 함께 수령했다. 인근 식당에서 두 친구는 소고기에 소주잔을 실컷 기울였다. 이번에도 밥값은 친구가 냈다.[46]

이런 행운을 거머쥘 수 있는 사람이 얼마나 될까. 둘 다 '천운'이라고 했다. 하나님이 도우셨는지도 모를 일이다.

"What goes around comes around."

무슨 말이라 했는가? "심은 대로 거두리라"는 뜻이다. 성경대로라면 "너는 네 떡을 물 위에 던져라 여러 날 후에 도로 찾으리라"(전 11:1)라는 말이다. 이것은 해상 무역과 같은 사업이나 구제 사업과 관련된 것으로,

남을 위해서 도움의 손길을 베풀면 나중에는 본인에게로 돌아온다는 뜻이다.[47]

오늘 우리도 던지고픈 마음이 생기지 않는가? 마음만으로는 안 된다. 구체적인 행동과 실천으로 옮겨야 한다. 다음의 말을 기억하면서 말이다.

"What goes around comes around."

STEP 7

과학은 성경 도우미다

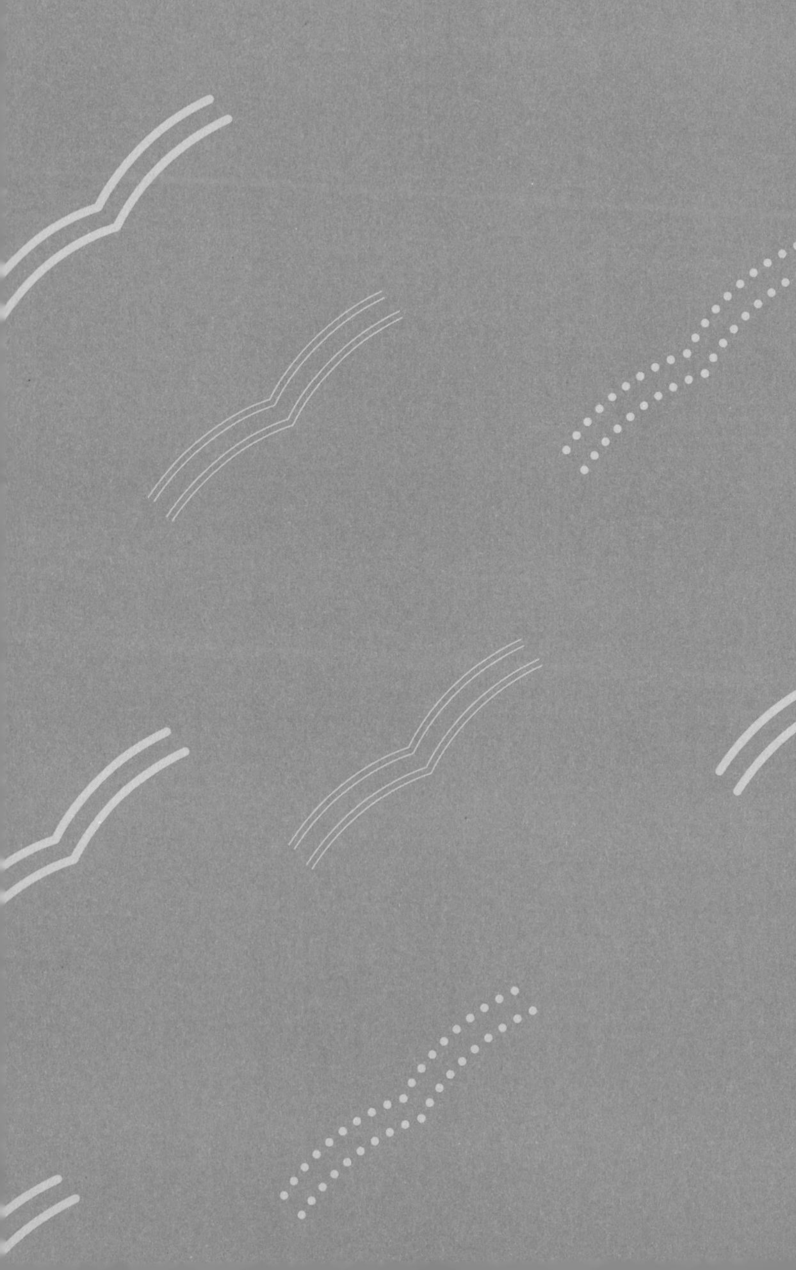

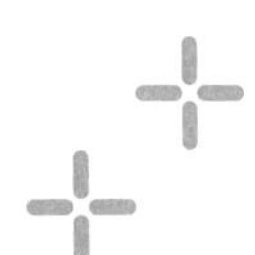

시카고에서 유학할 당시 같은 아파트에 사는, 컴퓨터의 귀재라 하는 나보다 조금 어린 청년을 우연히 만나 교제를 나눈 적이 있다. 아는 것이 많고 논리적이고 똑똑한 사람이었는데, 성경이 비과학적이어서 교회를 가지 않는다고 했다.

그 청년과 가족을 변화시켜야겠다는 일념으로 공통 관심사를 찾다가 집에 노래방 시설이 있음을 알게 되었다. 그래서 자주 그 집에 방문해서 마이크를 잡고 같이 노래를 즐겼다. 이래 뵈도 내가 한 노래하는 사람이다. 내 노래에 홀딱 빠진 그 부부는 나를 자주 초대했다. 그렇게 노래를 부르다가 속에 있는 이야기까지 터놓는 친한 관계가 되었다. 그러다가 조금씩 성경에 대한 이야기를 꺼내기 시작했다. 그는 교회에 다니고 싶은 마음이 있긴 하지만 천동설이 아닌 지동설이 과학적인 사실로 밝혀진 마당에 성경이 천동설적인 내용을 기록해 놓고 있어서 도무지 교회에 갈 생각을 못 하고 있다고 털어놨다. 그런 그에게 드디어 내 논리를 설명할 기회가 찾아와 얼마나 기쁘고 반가웠는지 모른다.

지금 이 시간에도 엄청난 속도로 태양 주위를 돌고 있는 지구에 발을 디디고 살아가면서 과학 시간에 배웠던 이론으로 대화해 나간다면 어떻게 될 것인지를 물었다. 어릴 때 자주 써 왔던 일기에서부터 문제가 생겨난다. 우리가 흔히 사용하듯, "오늘 아침 동쪽에서 해가 떴다"라 쓰지 않고 과학에 맞게 기록한다면 어떻게 표현해야 할 것인지에 관해서부터 질문했다. 그랬더니 아주 난감한 표정을 짓기 시작했다. 그래서 나는 "과학적으로 설명한다면 '붉은 해가 서해 너머로 지는 황혼녘이 얼마나 아름다운지 모른다'는 표현도 불가하지 않을까요?"라고 말했다. 그의 일그러진 인상이 조금씩 펴지더니 "그렇긴 하네요!"라고 답했다. "바로 그거예요."

성경은 과학책도, 생물학책도, 역사책도 아니다. 아침에 동쪽에서 해가 떠서 저녁이 되면 서쪽으로 황혼이 넘어가는 것과 달이 중천에 떠 있는 것을 일상으로 보고 경험하며 살아가는 평범한 독자들을 위해 기록된 말씀이다. 때문에 성경을 접하는 이들은 초신자나 기신자나 가릴 것 없이 어릴 때부터 학교에서 배워 온 진화론과는 전혀 다른 창조론 문제나 지동설, 지구의 젊은 나이 이슈 등에 대해 상당히 많은 의문점을 갖는 것이 정상이다. 그럼에도 불구하고 성경은 너무도 과학적이며 역사적으로 사실인 책임을 스스로 입증하고 있다. 이에 관한 몇 가지 실례들을 살펴보면서 하나님의 말씀이 일점일획도 거짓이 없는 진실이며 진리임을 확인해 보고자 한다.

'해'와 '달'은 모두 하나님이 창조하신 '광명체'일까?

창세기 1장 16절에는 과학적으로 이해되지 않는 내용이 나온다.

> "하나님이 두 큰 광명체를 만드사 큰 광명체로 낮을 주관하게 하시고 작은 광명체로 밤을 주관하게 하시며 또 별들을 만드시고."

이 두 큰 광명체는 '해'와 '달'을 의미한다. 하나님이 해와 달을 창조해서 해는 낮을 주관하게 하시고 달은 밤을 주관하게 하신 것이다. 문제는 이 두 가지가 '광명체'로 기록되어 있다는 사실이다. 그런데 가만히 생각해 보면 이 용어는 해에게는 몰라도 달에게는 과학적으로 어울리지 않음을 본다. 해는 '광명체' 혹은 '발광체'가 맞으나 달은 스스로 빛을 내는 광명체가 아니기 때문이다. 정확하게 말하면 달은 스스로 빛을 내지 못하고 태양 빛을 받아 반사하는 '반사체'다. 과학의 기초 지식만 갖고 있어도 성경의 내용에 오류가 있음을 파악하고도 남는다. 그런데 어째서 오류가 없어야 할 성경에 비과학적인 용어가 기록되어 있는 것인지 궁금하지 않은가?

왜 성경은 해와 함께 달까지 광명체라고 표현한 것일까? 성경이 달을 광명체로 언급한 이유는 당시 그 내용을 읽어야 할 독자들에게 과학적인 지식이 없었기 때문이다. 과학적 지식이 발달하지 않은 시절에 살던 이들이 해와는 달리 달이 태양 빛을 받아 비추는 반사체임을 어찌 알았겠는가. 그런 그들에게 전할 목적으로 성경이 기록됐기 때문에 해와 달을 광명체라 묘사한 것뿐이다. 다시 말해서, 성경은 당시 독자들의 세계관을 반영해서 그에 따라 기록했다는 말이다.[48]

더 이해하기 쉽게 설명해 보자. 한국의 이단 가운데 정명석이 교주인 JMS라는 단체가 있다. 여기에 '30개론'이라는 기초 성경 공부 과정이 있는데, 그중 '태양아 멈추어라!'라는 주제가 나온다. 무슨 말인가 하니, 오늘날 기성 교회 목사들이 여호수아가 기도해서 하늘의 해와 달을 거의 온종일 멈추게 했다(수 10:12-13 참조)고 가르치는데, 그것은 과학의 기초도 모르는 무식한 처사라고 비판하는 내용이다. 태양이 지구를 도는 천동설이 아니라 지구가 태양을 도는 지동설이 맞는다는 게 과학적으로 판명된 지 오래인데 태양더러 '멈추어라!'라고 기도했다는 것이 말이 되느냐는 것이다. 이런 말에 젊은 청년들이 그대로 넘어가 JMS 신도가 되는 이들이 많았다.

나는 대학교 2학년 때부터 이단이나 이단에 빠진 이들과 자주 접촉했다. 그들의 오류를 깨우치고 그들을 거기서 건져 내기 위해서였다. 당시 교회 후배들을 비롯해 이단에 미혹된 여러 사람들을 진리 대결을 해서 빼낸 적이 있다. 어떤 때는 박옥수 구원파와 JMS의 소굴에 들어가 집회가 마친 후 교주나 강사와 논쟁을 벌여 3분의 1이 그 단체에서 갈라져 나가게 만들기도 했다. 그때 나는 그들의 블랙리스트에 올라 협박과 미행을 당하면서 폭행의 위기를 간신히 벗어났다.

한번은 교주 정명석과 JMS를 만든 창립 멤버 중 한 사람인 여자 목사를 찾아가 논쟁을 벌인 적이 있다. '태양아 멈추어라!'라는 내용으로 그녀가 기성 교회 목사들을 비판할 때 나는 그녀에게 치명타를 가해 버렸다. 목사들이 그렇게 가르치는 게 아니라 성경에 그렇게 기록된 것 아니냐, 그렇다면 성경을 비판해야지 성경대로 가르치는 목회자들을 욕하면 어떻게 하느냐고 공격했다. 그것으로 그치지 않고 다음과 같은 논리로 그녀에게 뼈아픈 치명타를 가해 버렸다. "성경은 독자들에게 과학을 가르치기 위해 기록한 것이 아니라, 그들이 이해하기 쉽도록 그들의 일상생활과 그들이 알고 있는 상식과 지식을 기초로 해서 진리를 전달한 책이다. 내가 개미와 교제하고 대화할 수 있는 방법은 두 가지뿐이다. 개미가 사람이 되든지, 아니면 내가 개미가 되는 것이다. 내가 개미가 되었다면 개미의 생각과 상식과 지식으로 접근해야지, 사람의 언어와 생각과 지식으로 접근하려면 안 되는 이치와 같다."

여기까지 말한 후 나는 그 여자 목사라는 사람에게 다음과 같이 물었다. "당신은 일기를 쓸 때나 사람들과 대화를 할 때 '태양이 떠올랐다'라고 말하지 않고 '지구가 태양을 돌았다'는 식으로 표현하는가? 우리가 하늘에 태양이 떠올랐다고 말할 때 지동설이 맞는다는 사실을 몰라서 그렇게 말하는 것인가? 우리는 지금 정지된 것처럼 보이는 지구에 발을 붙이고 지구가 아닌 태양이 움직이는 것으로 보이는 환경 속에 존재하기 때문에 일상에서 사용하는 말로 태양이 떠오르고 지는 것으로 이야기하는 것이 상식 아닌가? 여호수아의 '태양아 멈추어라'라는 기도 내용도 같은 이치가 아닌가?" 비유를 활용한 논리적이고 합리적인 설명에 그녀는 얼굴이 홍당무가 되어 꿀 먹은 벙어리가 되고 말았다.

창세기 1장에 나오는 해와 달과 궁창에 관해서도 같은 이치로 생각하면 이해가 쉬워진다. 태어날 때부터 고정되어 있는 듯 보이는 이 땅에 살아가는 사람들에게 과학적으로 이렇고 저렇고 설명할 의도가 없었다. 중요한 것은 당시 사람들이 생각하는 일반 상식에 영적 진리와 깊은 의미를 전하는 것이었다. 그것이 무엇일까? 창세기 1장은 해와 달과 별, 그리고 그것들이 펼쳐진 하늘이 당시 사람들이 생각하듯 신(god)이 아니라 여호와 하나님이 만드신 피조물에 불과하다는 사실을 깨우치기 위함이다. 이것은 당시 세계를 바라보는 관점으로 표현하자면 가히 '코페르니쿠스적인 혁명'에 가까운 것이었다.

창세기 1장 16절은 그것을 읽는 사람으로 하여금 달이 해처럼 발광체가 아니라 반사체라는 사실을 과학적으로 알릴 목적으로 기록한 것이 아니라, 해나 달이나 별이나 우주 만물들이 다 하나님이 창조하신 피조물에 불과하다는 사실을 영적으로 보여 주고자 함이다. 창세기 당시 사람들이 해와 달과 별들을 신으로 섬겼듯이, 하나님을 창조주로 섬기고 있는 오늘 우리에게는 어떤 또 다른 것이 신으로 군림하고 있는지 스스로를 돌아보며 돌이키는 자세가 필요함을 깨우친다.

오늘 우리가 부지불식간에 섬기는 신은 무엇인가? 재물인가, 명예인가, 자식인가, 부동산인가, 고급 차인가? 자신부터 점검하고 돌이키는 하루가 되었으면 좋겠다.

02. 과학은 성경을 이해하는 만능 KEY가 될 수 없다

창조론과 진화론 중 어느 것이 옳은가?

수년 전, 교회 후배를 만난 적이 있다. 고등부와 대학부 때까지는 신앙생활을 잘하다가 결혼한 이후부터는 교회 출석을 하지 않고 있다. 오랜만에 긴 이야기를 나누다가 교회를 다시 나와야 하지 않겠냐고 했더니 대답 대신 질문을 던졌다.

"인간과 침팬지의 DNA가 1퍼센트만 다르다고 하던데, 창조론보다는 진화론이 더 맞지 않을까요?"

교회에 더 이상 출석하지 않는 이유를 알 것 같았다. 그 질문에 대한 대답이 준비되어 있었기에 당황하지 않고 조리 있게 답할 수 있었다.

인간과 침팬지의 DNA 차이가 1퍼센트에 불과하다는 주장은 누구나가 아는 상식에 해당되는 말일 것이다. 이것을 근거로 공통 조상이 있었다는 주장이 가능해진 것이다. 1퍼센트의 차이라면 차이가 없다고 봐도 좋을 것 같기 때문이다. 하지만 제대로 파악해 보면 이것은 정확한 데이터가 아님을 알 수 있다. 우선 침팬지의 유전체는 사람의 것보다 12퍼센트가 더 크기 때문에 12퍼센트의 차이가 난다. 또한 침팬지는 48개의 염색체 그리고 사람은 46개의 염색체를 가지고 있다. 인간 유전체를 모형으로 사용해서 남는 부분이나 비정렬 DNA나 결손(DNA GAP), 크기들은 삭제하고 일부분만 비교한 것이다.

유전체의 많은 영역에서 주된 DNA 서열의 재배열이 있으며, 이것은 10-20퍼센트의 불일치성을 가져온다고 한다. 전체를 고려하면 유사성은 비교 기준에 따라 81퍼센트, 88퍼센트의 다양한 결과가 나온다. 실제는 12-19퍼센트까지 다르다는 결과이며, 이는 30억 염기서열 중 3.6억 개에서 5.7억 개까지가 다른 것을 의미한다. 전체를 비교 대상으로 하지 않고 원하는 결과를 위해 편향적이고 부분적인 데이터를 뽑아낸 것이다.

무슨 말인지 잘 이해되지 않겠지만 정리하자면, 침팬지와 인간의 DNA는 1퍼센트 정도로 작게 차이 나는 것이 아니라 12-19퍼센트 정도로 크게 차이가 나는데, 그것도 염기서열에 있어서 4-5억 개 정도의 차이가 있다고 한다. 전문가들의 주장에 의하면, 이 정도의 차이라면 인간과 침팬지의 DNA가 유사하다거나 공통 조상을 가졌다거나 사촌 지간이라 주장하는 이들을 아주 부끄럽게 만들 수 있다고 한다.[49]

독일의 유대인 철학자 루드비히 비트겐슈타인(Ludwig Josef Johann Wittgenstein)은 다윈의 진화론에 대해 평생 회의했던 대표자다. 그는 생물의 다양성에 감탄하며 다음과 같이 말했다.

> 나는 항상 다윈이 잘못되었다고 생각해 왔다. 그의 진화 이론은 이 모든 다양한 종들을 설명할 수 없으며, 독립적인 종으로 생물의 다양성을 진화할

수 없다. 마침내 그들은 진화가 출산 과정을 통해 갑자기 다양한 종들이 튀어나왔다고 말하고 싶어 한다.

진화론의 창시자는 다윈(Charles Robert Darwin)이다. 그리스도인이라면 누구나 창조론을 정면으로 반박하고 성경의 진리를 가장 크게 훼손시킨 다윈은 반드시 지옥에 떨어졌을 거라 믿고 있을 것이다. 수년 전, 영국의 케임브리지대학교에서 다윈이 신학을 전공하며 다녔던 크라이스트 칼리지(Christ College)를 방문한 적이 있다. 그의 동상 앞에 선 나는 만감이 교차했다. 죽음을 앞둔 다윈이 회심했다는 이야기를 들은 바 있기 때문이다. 학자로서의 호기심과 궁금증이 발동되기 시작했다.

다윈의 말년에 관해서 깊이 연구한 결과 상당히 긍정적인 내용을 얻을 수 있었다. 다윈이 세상을 떠나기 몇 달 전 켄트의 다운(Down)에 있는 그의 저택을 방문했던 '호프 여사'(Lady Hope)의 증언에 따르면, 그녀가 다윈의 방에 들어섰을 때 그의 한 손에는 그가 평소 늘 공부하던 성경책이 펼쳐져 있었다고 한다.[50] 그리고 다윈은 자신이 미숙한 젊은이였던 시절 잘못 가르친 신념(진화론)이 사람들에게 종교가 되어 버린 일에 대해 후회하는 말을 했다고 전한다. 또 그는 호프 여사에게 사람들을 모아 놓을 테니 예수 그리스도에 관한 말씀을 전해 달라는 부탁을 하기까지 했다고 한다.

여러 자료들을 통해 이 내용을 처음 확인했을 때 받은 충격은 매우 컸다. 아울러 착잡한 심경이 몰려옴을 절감하기도 했다. '과연 이 엄청난 내용들이 사실일까?' 하는 일말의 의심이 생겼기 때문이다. 하지만 다수의 자료 속에 나오는 증인들의 이야기는 다윈의 회심에 대한 긍정적인 암시를 보여 주고 있었다.[51] 지옥에서도 아랫목에 떨어졌을 거라 생각했던 진화론의 창시자 다윈을 천국에서 만날 가능성이 많다는 사실이 나를 꽤 흥분시켰다.

이제 서두에 언급했던 후배가 던진 질문에 관한 답을 소개하고 모든 것을 정리하기로 한다. 바로 이 질문이었다. "인간과 침팬지의 DNA가 1퍼센트만 다르다고 하던데, 창조론보다는 진화론이 더 맞지 않을까요?" 어떻게 답했을 것 같은가? 나의 대답은 이랬다.

"인간과 침팬지의 DNA는 1퍼센트가 아니라 12-19퍼센트 정도로 차이 난다고 하네. 그리고 그 차이는 우리가 생각하듯 아주 미세한 차이가 아니라네. 설사 둘 사이에 DNA가 1퍼센트밖에 차이가 안 난다고 하더라도 문제가 없지. 어차피 그건 인간이나 짐승의 몸 구조에 관한 것에 불과한 것이니까 말일세.

창세기 2장 7절은 다음과 같이 말씀하네. '여호와 하나님이 땅의 흙으로 사람을 지으시고.' 그리고 창세기 2장 19절은 다음과 같이 말씀하네. '여호와 하나님이 흙으로 각종 들짐승과 공중의 각종 새를 지으시고.' 무슨 말인가? 인간이나 짐승이나 모두 흙에서 왔다는 말이지. 이게 우리 몸이고 짐승의 몸일세. 그러니 인간과 침팬지 사이에 DNA의 차이가 1퍼센트밖에 안 되더라도 문제가 없다는 말이지.

그런데 말이야, 둘 사이를 갈라놓는 현저한 차이가 하나 있다네. 그게 뭔지 아는가? 짐승이나 새들은 흙에서 와서 흙으로 돌아가지만, 인간은 그들과는 완전히 다르다네. 뭐가 그리 다를까? 창세기 2장 7절을 보게. '여호와 하나님이 땅의 흙으로 사람을 지으시고 생기를 그 코에 불어넣으시니 사람이 살아 있는 존재(living being)가 되니라.' 인간이 짐승과 다른 아주 중요한 한 가지는 인간에게 하나님의 생기가 들어갔다는 사실이네.

자네, 전도서 3장 21절을 아는가? '인생들의 혼은 위로 올라가고 짐승의 혼은 아래 곧 땅으로 내려가는 줄을 누가 알랴.' 사람이 죽으면 그 영혼은 천국으로 가고 짐승이 죽으면 흙으로 돌아간다는 뜻이라네. 무슨 말일까? 인간과 짐승의 DNA가 같다고 해도 문제 될 게 없다는 말이지. 하나님의 생기가 들어갔느냐, 들어가지 않았느냐에 얼마나 큰 차이가 있을지는 상상이 가고도 남음이 있지 않나?

그리고 창세기 1장 11-12절도 알아야 할 중요한 구절들이라네. '하나님이 이르시되 땅은 풀과 씨 맺는 채소와 각기 종류대로 씨 가진 열매 맺는 나무를 내라 하시니 그대로 되어 땅이 풀과 각기 종류대로 씨 맺는 채소와 각기 종류대로 씨 가진 열매 맺는 나무를 내니 하나님이 보시기에 좋았더라.'

여기서 세 번에 걸쳐서 반복되고 있는 단어가 무엇일까? '각기 종류대로'(fruit after their kind, NASB)라는 말일세. 태초에 하나님이 천지를 창조하실 때 나무든 풀이든 짐승이든 모두 각기 그 종류대로 달리 창조하셨다는 말이지. 다윈이 잘못 전해 준 이론처럼 원숭이가 진화해서 인간이 되었다는 것이 절대 아니란 말일세."

나는 마지막으로 후배에게 다음과 같이 권고했다. "이젠 정신 차리고 빨리 교회 나가서 신앙생활 계속해야 하지 않겠나?" 그랬더니 도움을 줘서 감사하고, 신앙에 대해 진지하게 다시 생각해 보겠다며 고마움을 표시했다. 내가 가진 중보 기도의 리스트에 또 한 명이 추가되는 순간이었다.

그와의 대화에서 나는 다음과 같은 한 가닥의 소망의 빛을 발견했다. '만일 하나님께 인류 최고의 민폐를 끼친 다윈 같은 사람이 회심한 것이 사실이라면, 내 후배처럼 착하고 멋있는 사나이 하나쯤 주님이 못 돌려놓으시겠는가? 나는 충분히 가능하리라 믿는다. 아멘!'

03. 물리(物理)로는 영리(靈理)를 해석할 수 없다

지구의 나이는 얼마일까?

박물관을 견학하던 한 관광객이 중생대 백악기에 서해안을 거닐었던 공룡의 알 화석 앞에서 이런 질문을 던졌다.

"이 화석은 얼마나 오래된 것입니까?"

이에 안내원이 답했다.

"1억 하고도 7년이 된 화석입니다."

관광객이 고개를 갸웃거리며 다시 물었다.

"근데 7년은 또 뭡니까?"

이에 안내원은 다음과 같이 답했다.

"여기서 제가 안내를 시작한 지 7년째거든요."[52]

1억 년에다 7년을 갖다 붙이는 걸 '새 발의 피', 즉 '조족지혈'(鳥足之血)이라고 한다. 지구의 나이에 관한 과학자들과 신학자들의 논쟁이 지금도 계속 뜨겁게 이어지고 있다.

지구의 나이는 얼마쯤 되었을까? 45억 년이라고 하는데, 요즘 초등학생도 다 알고 있을 만큼 널리 알려져 있다. 그럼 과연 이 사실을 최초로 밝혀 낸 과학자는 누구일까? 시카고대학에서 박사 학위를 취득한 후 연

구원을 거쳐 캘리포니아공과대학으로 자리를 옮긴 클레어 패터슨(Clare Patterson)이라는 사람이다. 그는 오랜 연구 끝에 1953년 아르곤 국립연구소의 질량분석기를 이용해서 운석과 지구의 나이가 45억 년이라는 사실을 알아냈다고 한다.[53]

17세기 무렵만 해도 지구의 나이는 성경에 의해 6천 년가량 되었다고 믿었었다. 그런데 과학자들은 그와는 족히 비교가 안 되는 45억 년쯤 된 것으로 이야기한다. 과연 누구의 말이 사실일까? 지구의 나이와 관련해서는 신학자들과 과학자들의 견해차가 어마어마하게 크다. 과연 누구의 주장이 사실에 가까울까? 내가 생각할 때 지구의 나이는 아무리 적게 잡아도 6천 년 정도보다는 수천 배가 많으리라고 본다. 신학자인 내가 신학자의 편을 들지 않고 도리어 과학자의 편을 드는 것일까? 그건 아니다. 그럼 무엇인가? 사실은 두 가지 주장 모두 이 주제와 관련했을 때 문제가 있음을 본다.

우선 이와 관련해서 나온 몇 가지의 견해를 소개해 본다. 첫째는, 지구의 나이가 과학자들의 주장보다 훨씬 젊을 수 있다는 생각이다. 1980년, 미국의 세인트헬렌스 산(Mount St. Helens)의 화산이 폭발한 적이 있는데, 이 폭발은 지질학에 대한 많은 생각을 바꿔 놓았다. 진화론자들이 수천만 년이 걸려야 형성된다고 주장했던 높이의 지층이 단 3일 만에 만들어진 것이다.[54] 과학자들의 주장과는 달리 지구의 나이가 생각보다 훨씬 적을 수 있다는 것이다. 세인트헬렌스 산의 화산 폭발은 지구의 나이를 수십 억 년 정도로 길게 잡아서는 안 된다는 점을 확인해 주었다.

물론 그렇다고 지구의 나이를 6천 년 정도로 짧게 봐서는 안 된다. 지구의 나이는 6천 년과는 족히 비교할 수 없을 정도로 많아야 정상이다. 그렇게 말하는 근거는 무엇일까? 태초에 하나님이 만드신 첫 번째 사람 아담의 나이를 따져 보면 지구의 나이도 쉽게 풀린다. 아담이 에덴동산에 존재했을 때의 나이가 몇이었을까? 하나님이 흙으로 아담을 만드사 생기를 불어넣으셨다. 그러자 순간적으로 결혼 적령기의 청년이 탄생했다. 그러면 당시 생명체로 갓 존재하게 된 아담의 나이는 몇 살이었을까? 방금 태어났으니 하루 혹은 한 살 먹었다고 말할 것인가? 아니다. 하나님은 십 수 년이란 긴 세월 동안 자라야 만이 될 수 있는 '나이가 든 한 사람'(aged man)을 인류 최초의 조상으로 만드셨다. 적어도 18세 정도로 나이 든 아담이 그렇게 해서 세상에 존재하게 된 것이다.

지구의 나이를 계산함에도 똑같은 원리가 작동됨을 알아야 한다. 하나님은 첫째 날에 지구를 만드셨다. 그때의 지구는 어떤 모습이었을까? 역시 '나이가 든 지구'(aged earth)였다. 하나님이 방금 만들어 놓으신 지구 앞에 현대의 과학자들을 데리고 가서 몇 년 됐을 것 같으냐고 물어보면 뭐라고 말하겠는가? 방금 만들었으니 0세 혹은 하루가 됐다고 말하겠는가? 인간의 계산법으로 판단했을 때 수천만 년이나 수십억 년쯤 되었다고 하지 않겠는가?

틀림없다. 하나님은 적어도 수천만 년 동안에 걸쳐서 빚어질 만한 지구를 한순간에 만드셨을 것이다. 거기에다가 아담 이래로 지금까지 6천 년은 더해 봤자 새 발의 피 아니겠는가? 이 장을 시작할 때 소개한 유머의 내용을 생각해 보라. 관광객이 공룡 알 화석의 나이를 묻자 안내원이 '1억 하고도 7년이 된 화석'이라고 소개했다. 그는 자신이 그 박물관에서 근무한 7년을 더해서 소개한 것이다.

신학자들이 말하는 지구의 나이 '6천 년'은 박물관 안내원이 말한 '7년'에 해당된다. 지구의 나이를 5억 년으로 말하든 50억 년으로 말하든 성경의 사실과 전혀 배치될 이유도 없고 배치되지도 않는다는 점을 알 필요가 있다.

창조주 하나님의 역사하심은 이처럼 깊고 높고 정확하고 오묘하다는 사실을 다시 한 번 절감한다. 그 창조 원리와 계획에 따라 모든 피조물 중 주역으로 태어난 우리의 기막힌 섭리와 역사를 생각하면서 오늘도 하늘의 하나님께 무한 감사와 영광을 돌리며 살아가자!

STEP 8

고고학을 활용하라

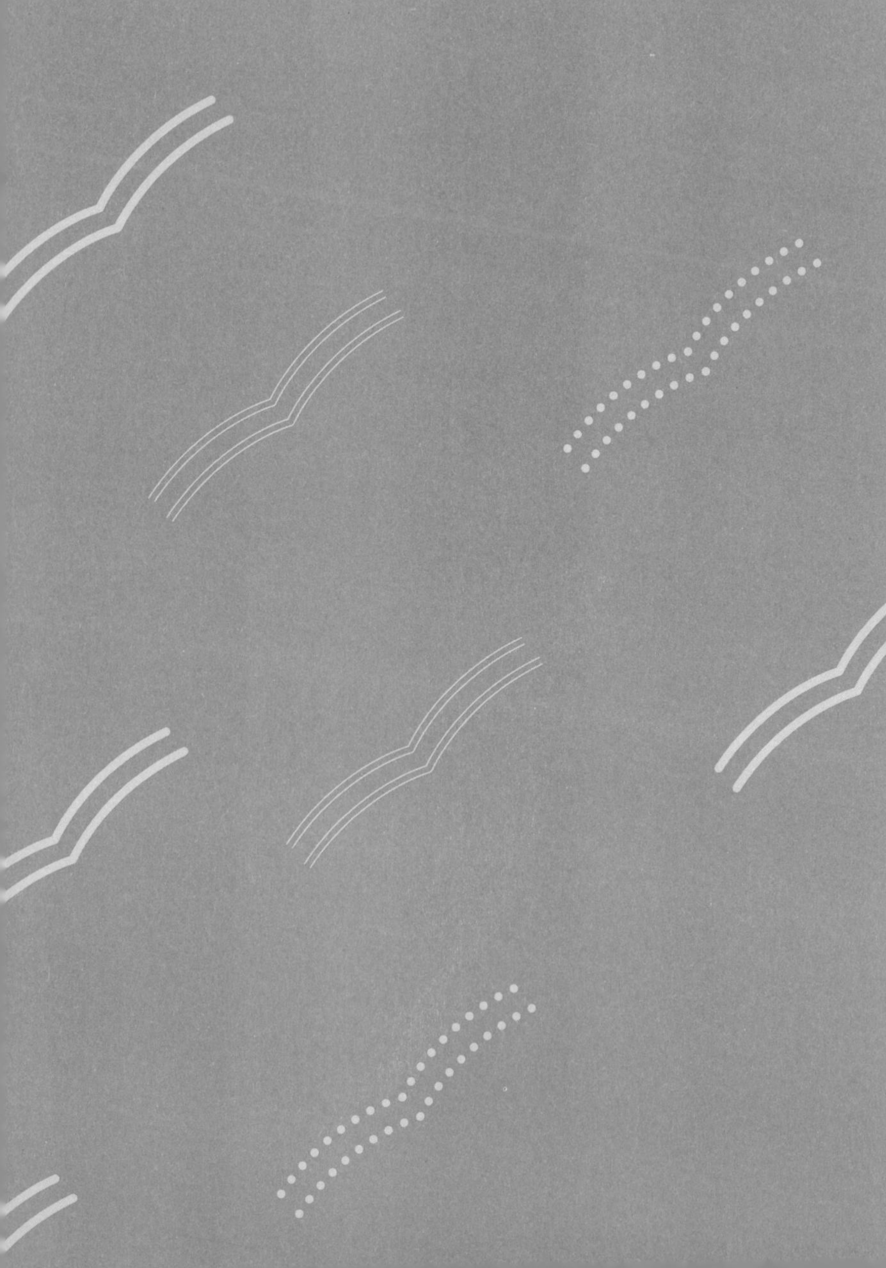

세상 역사책은 고대 이집트의 영광과 피라미드에 시선을 고정한다. 반면 출애굽기는 두 히브리인 산파의 이름은 기록할망정 막강 권력을 휘둘렀던 바로의 이름에는 관심이 없다. 신약의 부자가 당시에는 유명세를 탔겠지만, 성경은 오직 그가 멸시했던 거지 나사로의 이름만을 밝히고 있다. 역사 교과서는 그리스와 로마의 업적을 높이 평가하지만, 성경은 그런 것에는 관심을 두지 않는다. 아무리 위대한 문명이라 하더라도 기껏해야 유대인 속에 나타난 하나님의 역사를 설명하기 위한 들러리 배경으로만 다룰 뿐이다.

성서 고고학 역시 마찬가지다. 하나님을 믿지 않는 자들은 성경이 신화이거나 사람이 조작한 것이라고 생각한다. 따라서 성경의 사실성을 증명하기 위해 성경에 나타난 사건과 지명과 인물들이 실제 역사에 존재했었는지에 관해 무지하거나 무시해선 안 된다.

'고고학'(考古學, archaeology)은 인간이 남긴 유적이나 유물과 같은 물질 증거와 그 상관관계를 통해 과거의 문화와 역사 및 생활 방법을 연구하는 학문이다. '성서 고고학'은 신·구약 성경의 기술(description)과 사실(historical fact)과의 관련을 연구하는 학문이다. 이것은 한마디로, 고고학적 연구를 통해서 성경을 바르게 이해하고 탐구하는 성경 연구의 한 분야라는 말이다.[55] 다시 말해서, 성서 고고학은 성경의 시대와 성경과 연관된 지역들의 유적과 유물들을 발굴을 통해 추적, 분석하고 당시의 물질문명을 구체적으로 확인해서 옛사람들의 생활상을 재구성해 보려는 학문적인 시도다.

시대적 범위에서 성서 고고학은 이스라엘의 성서 시대, 즉 초기 청동기 시대(B.C. 3300-2200)부터 신약 시대인 A.D. 1세기까지의 고고학이 된다. 초기의 성서 고고학은 문자 그대로 성경의 여러 가지 사건들의 역사성을 현지 탐사 및 발굴을 통해 확인하고 증명하려 했다. 본격적인 발굴이 시도되기 전에는 현장 답사를 통해 주로 성경의 지명들을 확인해서 지도상에 표기하는 일종의 지리적 탐사 작업이 수행되었다.

19세기 미국의 E. 로빈슨(E. Robinson)이 성경 속의 지명을 실제 조사한 데서부터 성서 고고학이 시작되었다. 그 뒤로 성서 고고학의 발전은 성경이 그 지역 문화에 깊이 뿌리를 내리고 성립되었다는 것을 명확히 밝혔다. 구약과 신약에 기록된 역사는 진공 속에서 이루어진 것이 아니다. 폭넓은 당시 고대 근동 세계의 역사, 문화와 밀접한 관계를 맺으면서 전개되어 왔다. 따라서 고대 근동 세계 전체가 성서 고고학의 연구 대상이다. 그러나 성서 고고학 연구의 초점이 되는 지역은 성지 이스라엘이다. 왜냐하면 이스라엘 땅(팔레스타인)은 성경에 기록된 역사가 전개된 무대요, 현장이기 때문이다. 특별히 성경의 권위를 무시하거나 의심하는 자들에게 성경이 역사적으로 사실이며 거짓이 없는 진실한 하나님의 말씀임을 입증하는 데 지대한 역할을 하고 있다. 따라서 이에 대한 정보와 지식이 성경을 해석하고 이해하는 데 중요한 수단이 됨을 기억하라.

여기에서는 다음과 같은 중요한 고고학적 공헌 두 가지에 대해서만 소개하고자 한다.

01. 유물은 역사적 진실을 말한다

다니엘이 어째서 '둘째 통치자'가 아니라 '셋째 통치자'인가?

성경의 객관성과 신빙성 및 그 신적 권위에 도전하거나 흠집을 내고자 하는 무리들이 많았다. 과거 《다 빈치 코드》(북스캔 역간)를 쓴 댄 브라운(Dan Brown)이나 '유다 복음서'를 드러낸 신신학자들 등이 그러한 사람들이다. 모두가 다 사탄이 배후에서 조종하는 역사에 미혹된 자들이다. 성경이 하나님의 말씀이기는커녕 인간이 지어낸 황당한 이야기이거나 역사적으로 전혀 근거가 없는 엉터리 책이라 해야 기독교가 망하고 하나님 나라가 확장되지 않음을 사탄은 아주 잘 알고 있다. 때문에 사탄은 할 수만 있다면 성경이 오류가 있는 책이라고 사람들이 믿게끔 하기 위해 지금 이 시간에도 밤잠을 자지 않고 연구에 몰두하고 있다.

성경 66권 가운데 대표적으로 말이 안 되는 소설 같은 내용이라고 오랫동안 공격을 받아 온 책이 있다. 다니엘서다. 다니엘서에 보면 바벨론의 왕 벨사살이 자신의 업적을 기리고 신에게 경배하기 위해 성대한 잔치를 베푸는 모습이 나온다. 대제국의 통치자로서 당시 그의 마음이 얼마나 교만으로 가득 찼을지는 상상이 가고도 남는다. 다음 구절에서 보듯이, 벨사살은 B.C. 539년경, 그의 왕궁에서 잔치를 열면서 솔로몬 성전에서 약탈해 온 금그릇과 은그릇을 가져오게 해 술을 부어 마셨다.

> "벨사살이 술을 마실 때에 명하여 그의 부친 느부갓네살이 예루살렘 성전에서 탈취하여 온 금, 은그릇을 가져오라고 명하였으니 이는 왕과 귀족들과 왕후들과 후궁들이 다 그것으로 마시려 함이었더라"(단 5:2).

뿐만 아니라 그는 예배 때 사용하던 기물을 고의적으로 술잔으로 사용하면서 하나님을 조롱하고, 금과 은과 동으로 만든 신들을 찬양했다. 참되신 하나님을 모독하고 거짓 신을 숭배함으로써 하나님의 영광을 고의로 말살시켰던 것이다. 하지만 연회 중에 갑작스레 나타난 글 쓰는 손가락과 그 손가락이 써 놓은 글자 때문에 한바탕 난리를 치르게 된다. 글의 내용이 궁금해진 벨사살은 그것을 해석하는 자를 셋째 통치자로 세우겠다고 약속한다. 그리고 그 내용을 해석한 다니엘이 드디어 바벨론의 '셋째 통치자'가 된다.

그런데 다니엘서에 나타난 이 대목은 역사학자들에게 성경이 역사적 사실이 아니라 허구로 쓴 소설에 불과하다는 비난의 근거가 되어 왔다. 그 첫 번째 이유는, 역사학자들에게 바벨론의 마지막 왕의 이름은 벨사살이 아니라 5대 왕 나보니더스(Nabonidus)로 널리 알려져 있었기 때문이다. 두 번째 이유는, 벨사살이 마지막 왕이라 간주하더라도 다니엘이 왕 다음가는 국무총리였으므로 '셋째 통치자'가 아니라 '둘째 통치자'가 되었어야 옳기 때문이다. 그런데 성경은 두 군데서 모두 '셋째 통치자'로 표현하고 있음을 보라.

"내가 … 너를 나라의 셋째 통치자로 삼으리라"(단 5:16).

"이에 벨사살이 명하여 그들이 다니엘에게 자주색 옷을 입히게 하며 금 사슬을 그의 목에 걸어 주고 그를 위하여 조서를 내려 나라의 셋째 통치자로 삼으니라"(단 5:29).

이 때문에 다니엘서의 진정성이 오랫동안 의심을 받아 온 것이 사실이다. 그러나 바벨론에 관한 유물들이 발굴되면서 이러한 의문들이 명쾌하게 풀리게 되었다. 그중 다니엘서와 관련해서 아주 소중한 고고학 자료가 하나 있는데, 바로 '나보니더스의 원통'(Cylinder of Nabonidus)이다. 이것은 나보니더스의 사가(historian)가 왕이 죽고 난 후에 기록한 내용이다.

벨사살('벨이 왕을 보호한다'라는 뜻)은 통일 바벨론 제국의 마지막 5대 왕인 '나보니더스'의 맏아들로서, 부왕의 장기간(10년간)에 걸친 데마 원정 시 바벨론에 남아 나라를 다스렸던 왕(서열상 두 번째 통치자)이다. 나보니더스의 원통에는 바로 그 핵심 내용이 아래와 같이 새겨져 있다.

왕(나보니더스)이 데마에 있을 때 그의 아들(벨사살)과 나라와 군대는 바벨론에 있었다.

바벨론 제국의 마지막 왕인 나보니더스는 '달 신'을 독실하게 섬기는 자여서 통치권을 아들 벨사살에게 맡기고는 데마에 가서 10년 동안 자기 신을 섬겨 왔는데, 아들 벨사살 때 나라가 망해 버린 것이다. 이것으로 다니엘서의 역사성이 인정될 뿐 아니라, 왜 벨사살이 다니엘을 둘째 통치자가 아닌 셋째 통치자로 삼았는지 또한 시원스레 해소가 되었다. 벨사살 자신이 아버지에 이어 2인자였기 때문에 다니엘은 자동적으로 3인자가 되어야 마땅했던 것이다.

우르의 지구라트에서 발견된 나보니더스의 원통 기둥에는 바벨론의 쐐기문자로 된 기록이 적혀 있다. 그 기록의 끝부분에 나보니더스가 자신의 아들인 벨사살의 종교 생활을 위한 기도를 적어 놓은 대목이 있다. 그 내용은 다음과 같다. "벨사살, 나의 장자, 나의 진실한 후손…."

그런데 아직 문제의 불씨는 여전히 남아 있다. 앞의 설명으로 벨사살과 다니엘에 관한 의문이 해소된 것은 사실이지만, 다음 구절은 여전히 혼란을 야기하고 있기 때문이다.

> **"왕의 나라에 거룩한 신들의 영이 있는 사람이 있으니 곧 왕의 부친 때에 있던 자로서 명철과 총명과 지혜가 신들의 지혜와 같은 자니이다 왕의 부친**('아브'[אב], forefather or grandfather) **느부갓네살 왕이 그를 세워 박수와 술객과 갈대아 술사와 점쟁이의 어른을 삼으셨으니"**(단 5:11).

만일 벨사살의 부친이 나보니더스가 분명하다면, 위의 구절에서 그의 부친을 느부갓네살 왕으로 언급한 것은 도무지 이해가 가질 않는다. 그러나 조금도 문제가 없다. '왕의 부친'으로 되어 있지만, 괄호 안에 써 놓았듯이 이것은 '선조'(forefather)나 '할아버지'(grandfather)를 의미하기도 하기 때문에 벨사살을 반드시 느부갓네살의 아들로 볼 필요는 없다. 무엇보다 앞에서 나보니더스가 "벨사살, 나의 장자, 나의 진실한 후손"이라고 기록한 내용을 보지 않았던가. 선조를 '부친'이라 부를 수도 있으며, 자식을 '후손'이라고도 호칭할 수 있음을 보여 주는 실례다.

느부갓네살의 두 아들이 왕으로 있었지만 나중에는 사위인 나보니더스가 왕의 자리를 물려받았음을 역사는 말한다. 이 나보니더스의 아들인 벨사살이 아버지 대신 나라를 다스렸기 때문에 다니엘서는 다니엘을 '둘째 통치자'라 하지 않고 '셋째 통치자'로 표현한 것이다. 다니엘서의 역사적 진정성이 의심받기보다는 오히려 입증이 되고 말았다. 고고학이 올린 개가라 볼 수 있다.

이렇게 소중한 '나보니더스의 원통'을 처음 만난 것은 런던에 있는 대영박물관에서였다. 나의 눈 바로 위쯤 유리로 된 공간 안에 꿈에도 그리던 그 원통이 눈에 들어온 것이다. 바로 그 순간 나도 모르게 비명을 질렀고, 같이 따라간 제자는 그게 어떤 것인지도 모른 채 왜 그러느냐며 나를 따라 연신 사진을 찍어 댔다. 나중에 차에 타고 나서 다른 장소로 이동해 가는 틈을 타 설명해 줬더니 모두가 신기해하며 놀라워했다.

벨사살이 아버지를 대신해서 바벨론을 다스렸는데, 그가 교만해서 하나님이 치시는 바람에 나라가 망하고 말았다. 하나님이 벨사살 왕에게 영광과 힘과 권세를 다 주셨는데 교만했다. 천 명이 넘는 귀빈이 참석한 연회를 열어 놓고 우상을 숭배하면서 쾌락을 추구한 것이다. 결국은 적의 손에 죽고 나라까지 완전히 망하고 말았다.

다니엘서가 주는 교훈이 무엇인가? 첫째, 하나님의 말씀에는 한 점의 거짓도 없다는 사실이고, 둘째, 교만한 사람은 하나님이 망하게 하신다는 사실이다. 따라서 항상 겸손한 마음으로 하나님을 경외하며 특별히 하나님의 말씀을 신실하게 믿고 순종하며 따르는 자들이 되어야 할 것이다.

02. 역사(History)는 하나님의 이야기(His story)다

고레스 왕이 이스라엘을 해방시킨 것이 사실인가?

다니엘서만큼이나 그 역사성과 진실성에 있어서 의심을 받아 온 책이 있다면 에스라서다. 에스라서 서두에는 다음과 같이 바사 왕 고레스가 하나님의 감동으로 이스라엘을 포로 된 신분에서 자유하게 해 고국으로 돌아가 성과 성전을 짓도록 해방시켰다는 내용이 기록되어 있다.

> "바사 왕 고레스 원년에 여호와께서 예레미야의 입을 통하여 하신 말씀을 이루게 하시려고 바사 왕 고레스의 마음을 감동시키시매 그가 온 나라에 공포도 하고 조서도 내려 이르되 바사 왕 고레스는 말하노니 하늘의 하나님 여호와께서 세상 모든 나라를 내게 주셨고 나에게 명령하사 유다 예루살렘에 성전을 건축하라 하셨나니 이스라엘의 하나님은 참 신이시라 너희 중에 그의 백성 된 자는 다 유다 예루살렘으로 올라가서 이스라엘의 하나님 여호와의 성전을 건축하라 그는 예루살렘에 계신 하나님이시라"(스 1:1-3).

하지만 비평학자들은 기원전 6세기 페르시아 제국의 황제들은 정치적으로 아주 약아빠진 자들이었기 때문에 포로 된 백성을 놓아 주고 종교적 자유를 선언했을 만큼 그렇게 어리석고 이해타산이 맞지 않는 행동을 했을 리가 없다고 판단해 왔다. 따라서 그들은 에스라서의 서두에 기록된 내용을 역사적으로는 신빙성이 없는 것으로 비판해 왔다.[56]

그러나 이 또한 고레스 왕의 원통이 발견된 후 그들은 더 이상 에스라의 기록을 비웃을 수 없게 됐다. 그 원통에는 고레스가 어떻게 B.C. 539년에 바벨론의 도시를 저항 받지 않고 취했는가에 대한 내용이 실려 있고, 그 원통 위의 기록 끝 부분에는 외국 포로에 대한 자유와 사회적 신분을 바로잡아 준 고레스의 정책이 적혀 있다.[57]

'고레스'는 영어로 '키루스'(Cyrus)다. '키루스의 실린더' 길이는 약 23센티미터이고, 거기에는 B.C. 536년에 기록된 고레스의 필적이 있다. 이 필적은 에스라 1장 1-3절의 내용이 사실임을 확증해 준다. 이 서판의 마지막 대목에 외국인 포로들의 사회적 신분과 자유를 회복시키고 그들을 고국의 땅으로 돌아가 전통에 따라서 예배하도록 귀향을 종용했다는 고레스의 식민지 정책에 대한 기록이 명백하게 기록되어 있다. 다음은 키루스의 원통 서판에 기록된 고레스의 필적이다. 에스라서의 서두와 한번 비교해 보라.

> 바빌론에 거주하고 있는 자들(이스라엘 백성)에 관하여 … 나는 버려져 있는 그들의 땅에 구원의 손길을 베풀었다 … 나는 티그리스 강 저편에 있는 신성한 도시(예루살렘)로 예전에 그들과 함께 존재했을 신상들을 되돌려 보냈

으며 그것들을 위하여 성도 짓게 했다. 그 성소들은 오랫동안 폐허로 있어 왔다. 또한 나는 그 땅의 예전 주민들을 모아 그들의 땅으로 되돌려 보냈다.[58]

성경의 역사적 기록은 한때 불신의 뒷전에 밀려 홀로 서 있었으나, 고레스에 관한 기록이 발견됨으로 더 이상 논란의 여지가 없는 명확성을 확보했다. 이 키루스의 칙령에 따라 70년 만에 이스라엘 백성은 고향으로 돌아오게 된다. 비평학자들의 입을 막기에 너무도 충분한 자료다.

하지만 여전히 의문은 남아 있다. 제국의 막강한 왕이 포로들을 그들의 나라로 해방시킨다는 것은 지금 우리의 생각으로도 도무지 이해가 되지 않는 일이다. 이것은 오직 성경에 기록된 대로 '여호와의 감동하심'으로밖에는 설명할 길이 없다. 아래의 구절이 그것에 대해서 명확하게 증거하고 있다.

"바사 왕 고레스 원년에 여호와께서 예레미야의 입을 통하여 하신 말씀을 이루게 하시려고 바사 왕 고레스의 마음을 감동시키시매 그가 온 나라에 공포도 하고 조서도 내려 이르되"(스 1:1).

하나님과 그분의 말씀인 성경은 이처럼 확실하고도 위대한 책이다. 성경이 고고학적으로 입증된 역사적 사실임을 다시 한 번 기억하자. 거짓되거나 과장된 책이 아니라 너무나도 진실하고 역사적으로 사실인 이 책을 하나님의 말씀으로 믿고 은혜 받아 천국 백성으로 살게 해 주신 성령님께 감사와 영광을 돌릴 뿐이다.

전설에 의하면 고레스가 죽을 때 묘석에 "나 고레스는 한때 세계를 지배했었다. 그러나 언젠가는 이 땅이 다른 왕에 의해서 점령될 것을 나는 안다. 그러나 점령자여, 그대도 언젠가는 누구에게인가 점령을 당할 것이다. 그러므로 내 묘를 건드리지 말아 달라"고 써 달라고 했다고 한다. 그 후 B.C. 330년, 알렉산더 대왕(Alexander the Great)이 페르시아를 점령한 후 다리오 왕이 세운 거대한 왕궁 페르세폴리스를 불태우고는 내친김에 고레스의 석묘를 훼파하기 위해 왔을 때 그 글이 눈에 띄었다고 한다. 그 뜻을 전해들은 알렉산더 대왕은 말에서 내려 자신이 입고 있던 왕복을 벗어 고레스의 묘에 덮어 주었다고 한다. 아마 그 유명한 알렉산더 대왕의 유언인 "내 관에 구멍을 뚫어 두 손을 밖으로 내놓아라"라는 말도 고레스의 영향을 받은 것이 아닌가 하는 이야기가 있다. 인생의 영원한 승자는 없다. 천하를 손에 쥐고 흔들던 고레스 대왕도 알렉산더 대왕도, 모두 죽어 흙에 묻혀 버렸다.

대영박물관에 두 번 방문했을 때까지 발견하지 못했던 고레스의 원통을 세 번째 방문에서 드디어 꿈같이 만나게 되었다. 마침 중앙 통로에 전시되어 있었다. 얼마나 반가웠는지 모른다.

대영박물관은 인류가 남긴 소중한 자료들의 보고다. 무엇보다 성경이 역사적 사실임을 증명해 줄 보물들이 그 속에 즐비하다. 안식년을 맞으면 한 달 정도는 대영박물관에 가서 하루 종일 그 안에 머물며 성경과 관련된 자료들을 찾아 사진을 찍어 그것을 설명과 함께 책으로 펴낼 생각에 부풀어 있다.

성경이 역사적 사실임을 성경 자체가 증거하지만, 대영박물관뿐 아니라 세계 곳곳에서 발견되는 고고학들도 명쾌하게 입증하고 있다. 고고학을 흔들면 역사적 사실들이 쏟아질 것이다. 역사의 영원한 승자는 오직 예수 그리스도뿐이다. "내가 세상을 이기었노라"(요 16:33)라는 선언은 우리가 의지해야 할 분이 오직 예수 그리스도뿐임을 다시 한 번 확인시켜 준다. 역사 기원의 경계선이 되시고 알파와 오메가 되신 예수 그리스도만을 주님으로 모시고 오늘도 선한 싸움에서 날마다 승리하길 바란다.

성서 고고학은
성경의 시대와 성경과 연관된
지역들의 유적과 유물들을
발굴을 통해 추적, 분석하고
당시의 물질문명을
구체적으로 확인해서
옛사람들의 생활상을
재구성해 보려는 학문적인 시도다.

에필로그

영국의 국왕 조지 5세(George V)가 의회의 개회에 맞춰 라디오 연설을 하게 되었다. 그 연설은 신대륙에까지 중계되도록 되어 있었다. 막 연설을 시작하는 순간 갑자기 뉴욕 지국에 설치되어 있던 케이블이 끊어져 버리는 불상사가 발생했다. 직원들은 갑작스레 당한 일에 어쩔 줄을 몰라 했다. 미국에 있는 백만 명 이상의 사람들이 주파수를 맞추고 왕의 음성만을 기다리고 있는데 방송이 끊어져 버린 것이다.

불통된 케이블을 원상 복구하는 데는 최소한 20분 이상이 소요된다. 그러면 국왕의 연설은 다 끝나고 말 판이다. 그런데 그 자리에는 고용된 지 얼마 안 된 해롤드 비비안(Harold Vivian)이라는 젊은 기술자가 있었다. 그 황당한 순간에 다른 선택이 없음을 깨달은 그는 자신의 손을 뻗쳐 끊어진 케이블의 양끝을 움켜쥐었다. 250볼트가 넘는 전기가 그의 몸뚱이를 꿰뚫으며 머리끝부터 발끝까지 격렬한 고통이 엄습했다. 그래도 그는 손을 놓지 않았다. 사람들에게 왕의 음성을 듣게 할 일념으로 그는 이를 악물고 필사적으로 케이블을 붙잡았던 것이다.[59]

나는 본서를 집필하면서 고통 중에도 왕의 음성을 듣게 하기 위해 안간힘을 썼던 그 청년을 떠올릴 수 있었다. 나 역시 내가 듣고 맛보고 경험한 하나님의 음성을 한 사람에게라도 더 많이 전달하기 위해 여러 모로 힘겨운 집필 작업에 몰두해 왔다. 전적으로 만족스러울 정도는 아니지만, 이 책을 대하는 독자들이 나름대로 하나님의 말씀을 맛보고 흥미를 가지고 은혜와 감동을 받도록 하는 일에 조금은 일조할 수 있다는 생각에 큰 보람을 가져 본다.

덴마크의 기독교 실존철학자 키르케고르(Sören Kierkegaard)는 성경을 '연애편지'처럼 읽으라고 말한 바 있다. 나 역시 어릴 때부터 지금까지 연애편지 대하듯 성경을 대하고자 무진 애를 써 왔다. 그간 말귀를 제대로 알아듣지 못해 따분할 때도 있었고, 제 맛을 보지 못해 기갈 속에 허덕일 때도 있었다. 하지만 이제는 청춘남녀가 상대방의 연애편지를 에로틱하게 읽어 내려가듯, 나도 그분의 말씀을 감미롭고 황홀하게 대할 수 있는 정도가 된 것 같다.

말씀에 빠져들어 주님과의 깊은 교제 속에 들어가기를 원하는 독자들에게 본서는 큰 도움을 줄 것으로 확신한다. 본서를 일독하고 나면 성경에 대한 생각이 사뭇 달라질 것이다. 성경의 진미와 진수가 어떠함에 대한 눈이 상당 부분 열릴 것이기 때문이다. 내가 잡아 올린 싱싱하고 맛있는 물고기들도 시식하고, 스스로 물고기 잡는 방법마저 터득하는 일거양득의 유익이 있을 것이다.

엠마오로 내려가던 두 제자가 말씀의 진미를 맛보고 고백한 말씀을 기억하라.

"그들이 서로 말하되 길에서 우리에게 말씀하시고 우리에게 성경을 풀

어 주실 때에 우리 속에서 마음이 뜨겁지 아니하더냐"(눅 24:32).

지금까지 주님이 성령과 지혜와 학문과 기도를 통해 내게 풀어 주신 열매들인 본서를 통해 독자들의 마음속에도 똑같은 뜨거움과 은혜와 감동과 변화와 기쁨이 경험될 수 있기를 간절히 바란다. 침체되어 가는 한국 교회와 성도들의 심령을 뒤집어엎어 새로운 영적 부흥과 성장을 기대하려면 오직 말씀으로 돌아가는 길밖에 없다. 오직 말씀의 열풍만이 침체된 한국 교회와 성도들의 심령을 갈아엎어 기경할 수 있음을 확신한다.

'한국 교회와 성도들이여, 말씀으로 돌아가자!'

'백 투 더 바이블!'(Back to the Bible)

'오직 성경!'(Sola Scriptura!)

'바이블 톡톡!'(Bible Talk Talk!)

이것만이 우리의 살길임을 알자!

아멘!

| 주(註) |

1_ Robert Jeffress, *I Want More!*, 마영례 옮김, 《하나님 목마릅니다》 (서울: 인피니스, 2008), 123.

2_ https://story.kakao.com/_9MsuS8/DD5RK0cf9x0.

3_ Bon Roberts, *God's Big Picture*, 전의우 옮김, 《성경의 큰 그림》 (서울: 성서유니온, 2020).

4_ 박양규, 《인문학은 성경을 어떻게 만나는가》(서울: 샘솟는기쁨, 2021), 39.

5_ 김나래, "한국교회 대표적으로 오용하는 성경 구절", <국민일보> 미션라이프 (2016년 3월 7일); http://news.kmib.co.kr/article/view.asp?arcid=0923453878&code=23111111&cp=du.

6_ https://blog.daum.net/krjohn316/1826540.

7_ https://blog.naver.com/jim2008/110097055925.

8_ Lois Tverberg, *Reading the Bible with Rabbi Jesus*, 손현선 옮김, 《랍비 예수와 함께 성경 읽기》 (서울: 국제제자훈련원, 2018), 217-218.

9_ 김광희, 《창의력을 씹어라》 (서울: 넥서스BTZ, 2018), 219-220.

10_ 위의 책, 49-50.

11_ 박웅현, 《책은 도끼다》 (서울: 북하우스, 2011), 23.

12_ 박용후, 《관점을 디자인하라》 (서울: 프롬북스, 2013), 53.

13_ 손동희, 《나의 아버지 손양원 목사》 (서울: 아가페출판사, 2014), 262.

14_ Nick Vuicici, *Life without Limits*, 최종훈 옮김, 《닉 부이치치의 허그》 (서울: 두란노서원, 2010).

15_ 방정열, 《용서, 그 불편함에 관하여》 (서울: 세움북스, 2020), 157-158.

16_ https://godpeople.or.kr/mopds/219837.

17_ 유시민, 《유시민의 글쓰기 특강》 (서울: 생각의길, 2015), 139.

18_ Jim L. Wilson, R. Gregg Watson, Michael Kuykendall, David Johnson, *Impact Preaching* (Ohio, Weaver Book Company), 27.

19_ Jerry Bridges and Bob Bevington, *The Bookends of the Christian Life*, 오현미 옮김, 《제리 브리지스의 견고함》 (서울: 두란노서원, 2010), 28.

20_ Tom Brown, *You Can Predict Your Future*, 전의우 옮김, 《혀의 권세》 (서울: 나침반

사, 2010), 19-20.
21_https://polydalai.tistory.com/entry/%EC%8B%9C%EA%B0%84%EC%97%90-%EA%B4%80%ED%95%9C-%EB%AA%85%EC%96%B8-%EB%AA%A8%EC%9D%8C.
22_Os Guiness, *Carpe Diem Redeemed*, 홍병룡 옮김, 《오늘을 사는 이유》 (서울: IVP, 2020), 20.
23_Philip Graham Ryken, *Why Everything Matters*, 구지원 옮김, 《헛된 세상, 헛되지 않은 삶》 (서울: 생명의말씀사, 2015), 80.
24_Jared. C. Wilson, *Gospel Deeps: Reveling in the Excellencies of Jesus* (Colorado, Good News Pub.), 56.
25_D. A. 카슨, 《힘써 하나님을 알자》 (서울: 두란노서원, 2011), 180.
26_https://lewisnoh.tistory.com/959.
27_https://hyunjiwoon.tistory.com/4990.
28_Kyle Idleman, *Don't Give Up*, 전의우 옮김, 《DON'T GIVE UP 포기하지 마》 (서울: 규장, 2019), 109.
29_https://sentya.tistory.com/282.
30_박태현, "문맥이 본문 의미를 결정한다," <기독신문> (2015년 9월 7일); http://www.kidok.com/news/articleView.html?idxno=93301.
31_한재욱, 《인문학을 하나님께》 (서울: 규장, 2018), 96.
32_Cherie Hill, *Beginning at the End*, 전의우 옮김, 《내게 기대렴》 (서울: 규장, 2018), 178.
33_Jared. C. Wilson, *Gospel Deeps: Reveling in the Excellencies of Jesus*, 안정임 옮김, 《복음에 잠기다》 (서울: 예수전도단, 2014), 30.
34_전성민, 《세계관적 설교》 (서울: 성서유니온, 2018), 93.
35_https://ko.wikipedia.org/wiki/%EC%8A%A4%ED%8E%99.
36_Kenneth Bailey, *The Cross and the Prodigal* (St. Louis: Concordia, 1973), 9.
37_Lois Tverberg, 《랍비 예수와 함께 성경 읽기》, 37-38.

38_위의 책, 39.

39_주경철, "탈리오 법칙", <조선일보> (2010년 10월 8일); https://www.chosun.com/site/data/html_dir/2010/10/08/2010100802239.html.

40_Mark Wilson, *Biblical Turkey*, (Istanbul, Yayinlari, 2014), 255.

41_김추성, 《요한계시록 1-9장》 (용인: 킹덤북스, 2018), 주석집, 309.

42_위의 책, 315-318.

43_김지찬, 《믿다, 살다, 웃다》 (서울: 국제제자훈련원, 2019), 215.

44_Stephen J. Andrews, Kenneth Boa, *Holman New Testament Commentary - Romans (Volume 6)*, 김현회 옮김, 《메인 아이디어로 푸는 로마서》 (서울: 디모데, 2004), 512.

45_https://blog.naver.com/kaikk/60010560417.

46_방영덕, "로또 '더블 1등' 상금 40억을 친구와 나눈 40대 일용직", <매일경제> (2020년 12월 26일); https://www.mk.co.kr/news/society/view/2020/12/1321888.

47_David Gibson, *Destiny: Learning to Live by Preparing to Die*, 이철민 옮김, 《인생, 전도서를 읽다》 (서울: 복있는사람, 2018), 185.

48_전성민, 《세계관적 설교》 (서울: 성서유니온, 2018), 16.

49_"인간과 침팬지의 DNA는 1%만 다르다고?", <기독일보> (2017년 7월 13일); https://kr.christianitydaily.com/articles/92670/20170713/%EC%9D%B8%EA%B0%84%EA%B3%BC-%EC%B9%A8%ED%8C%AC%EC%A7%80%EC%9D%98-dna%EB%8A%94-1-%EB%A7%8C-%EB%8B%A4%EB%A5%B4%EB%8B%A4%EA%B3%A0.htm.

50_Robert C. Newman, "THE DARWIN CONVERSION STORY: AN UPDATE."; https://ibri.org/newmanlib.ibri.org/Documents/DarwinConv.pdf.

51_Lady Hope, "Darwin and Christianity", The Watchman-Examiner new series 3 (August 19, 1915): 1071; W. Rusch, "Darwin's Last Hours. Creation", Research Society Quarterly 12, 1975: 99-102; W. Rusch. and J. W. Klotz, "Did Charles Darwin Become a Christian?", Creation Research Society Books (Norcross, Georgia, 1988).

52_김광희, 《창의력을 씹어라》 (서울: 넥서스BIZ, 2018), 133.

53_ https://blog.daum.net/sadko/15708119.

54_ 서병선, "40년 전 화산 폭발, '노아의 홍수' 좋은 모델?". <크리스천투데이> (2020년 7월 26일); https://www.christiantoday.co.kr/news/333340.

55_ https://blog.daum.net/ydmin3392/8940887.

56_ 이희수, "키루스 대왕의 지혜가 필요한 때", <중앙일보> (2019년 6월 6일); https://www.joongang.co.kr/article/23489755#home.

57_ 신상목, "트럼프, 고레스가 될 수 있을까", <국민일보> (2018년 6월 9일); http://news.kmib.co.kr/article/view.asp?arcid=0923962250.

58_ 이종수, 《대영박물관에서 만나는 성경의 세계》 (서울: 예영커뮤니케이션, 2000), 112-113.

59_ Ian Macpherson, *The Burden of the Lord* (Nashville: Abingdon Press, 1956), 119.